뒤
영
벌

뒤영벌

지은이	이상무
브런치 주소	https://brunch.co.kr/@lsmlight
펴낸이	새로운사람들(대표이사 이재욱)
발행일	초판 1쇄 발행 (2022년 3월 31일)
디자인	나비 02-742-8742

ISBN 978-89-8120-638-3(03810)
ⓒ이상무, 2022

ssbooks(새로운사람들)

등록일	1994년 10월27일
등록번호	제2-1825호
주소	서울특별시 도봉구 덕릉로 54가길 25(창동557-85, 우 01473)
전화	02)2237-3301
팩스	02)2237-3389
이메일	ssbooks@chol.com

* 책값은 뒤표지에 씌어 있습니다.

뒤영벌

이상무 지음

새로운사람들

젊은이들에게
바치는
글

청년들을 바라보면 그 찬란한 생애의 빛남을 느낄 수 있다. 실로 젊은이들은 젊다는 이유만으로도 무언가 힘이 나고 활기가 넘치는 것이 느껴진다. 길을 가거나 전철을 탔을 때 젊은이들을 보기만 해도 소망이 넘치고 미소를 짓게 한다. 내게도 그런 찬란함의 시절이 있지 않았던가! 아직 취직은 하지 않았더라도, 여전히 공부를 하는 과정이라도 문제될 것이 없다. 젊음은 그 자체로 빛을 발한다.

모든 가능성이 잠재되어 있기에, 앞으로 걸어갈 수 있는 길이 살아온 날들보다 더 길기에, 시간과 체력과 지력이 아직도 더 발전할 수 있기에, 또 그 마음이 낡지 않고 열정이 끓어오르기에 청춘은 아름답지 않은가?

주 여호와께서 가라사대 보라 날이 이를지라 내가 기근을 땅에 보내리니 양식이 없어 주림이 아니며 물이 없어 갈함이 아니요 여호와의 말씀을 듣지 못한 기갈이라 사람이 이 바다에서 저 바다까지, 북에서 동까지 비틀거리며 여호와의 말씀을 구하려고 달려 왕래하되 얻지 못하리니 그 날에 아름다운 처녀와 젊은 남자가 다 갈하여 피곤하리라. (아모스 8: 11~13)

그런데 성경의 아모스 8장을 읽다 보면 기묘한 구절이 나온다.

이 소망차고 활력적이고 생생해야 할 선남선녀가 피곤해 있다는 것이다. 기력이 쇠하고 늘어져 있는 청년들은 상상하기조차 싫은데, 여기 그러한 상태에 있는 아름다운 젊은 여자들과 남자들이 있다. 그들에게는 먹을 음식이 가득하고, 마실 물이 넘쳐난다. 그럼에도 그들은 기력이 없다. 삶의 의미도 찾지 못하겠고, 무기력하기만 하다. 왜 그럴까? 이유는 그들에게 하나님의 말씀이 없기 때문이다.

-

선망의 대상인 대기업에 취직한 젊은이나, 신의 직장이라 불리는 공기업에 취직한 젊은이나, 벤처기업에 취직한 젊은이나, 외적으로 보면 한없이 기운차고 즐겁고 행복할 것처럼 보이지만, 들여다보면 그들은 깊은 속에서 목말라하고 공허함이 가득하다. 이것은 그들 마음속 깊은 곳에서부터 변치 않는, 영원한 가치가 있는, 참된, 진리에 속한 것을 아직 얻지 못하였기 때문이다.

-

역사적으로 돌이켜 보더라도, 성경이 닫혀 있던 중세시대의 오랜 기간, 인류는 암흑시대를 경험한 적이 있었다. 성경이 열리고, 번역되고, 읽히고 해석되어 추구하는 사람들에게 도달할 때 비로소 사람들은 빛을 얻게 된다. 참된 빛을.

무언지 알 수 없는 내적 방황과 무기력함을 느끼는가? 젊은 그대여, 오늘 성경을 펼치고 읽기 시작해보라. 진리의 빛이 당신 안에 비추기 시작할 것이다. 칠흑 같이 어두운 밤하늘에 초롱초롱 별들이 빛나듯이…….

이 글을 사랑하는 우리 시대 젊은이들에게 바친다. 찬란한 젊은 날, 갈 길을 몰라 방황하거나 얻을 것을 얻었지만 기력을 잃은 우리의 자화상과 같은 젊은이들에게 말이다.

차례

01 길 위에 서서

01. 길 건너는 달팽이　010
02. 내려가기　015
03. 미러클 보이　028
04. 참 잘했어요　033
05. 비움　038
06. 길을 묻다　041
07. 살아가기　044

02 나란 존재

08. 평판　050
09. 단골　055
10. 그날　061
11. 내 눈 안의 상수도　065
12. 임사체험　069
13. 어느 가을 숲길을 걷다　074
14. 인간 존재의 본성　075

03 생명의 노래

15. 오해하셨습니다　082
16. 죄와 벌　092
17. 숲 속 카페에서　099
18. 심장이 떨어지는 즐　101
19. 뒤영벌　106
20. 새의 노래　113

04 소망의 샘

21. 샘솟아 올라 ... 116
22. 작품인가, 작가인가? ... 120
23. 솔로몬의 옷 ... 123
24. 전 학년, 전 과목 A++ ... 127
25. 토마토 키우기, 사무실에서 ... 129
26. 희망을 파는 사람들 ... 132
27. 길이 있다. ... 135
28. 끝인 줄 알았는데. 토마토 ... 137
29. 하나님 마음 들여다보기 ... 139
30. 양떼 발자취를 따라 I ... 142
31. 양떼 발자취를 따라 II ... 145

05 계속 걷기

32. 삶의 비결 ... 150
33. 필터 교환 언제 하셨나요? ... 154
34. 외과의사와 개혁 ... 156
35. 흙 속에 감추인 보물 ... 161
36. 겸허해지기로 하였습니다. ... 163
37. 고난은 ... 166
38. 약값과 윤리 ... 170
39. 맞춤복인가 기성복인가? ... 173
40. 이차이득 ... 176
41. 진리가 무엇이냐? ... 184
42. 병들지 않은 자가 없다. ... 188

발간 준비를 마치고 ... 194
덧뵈기 추천의 글 ... 196

01 길 위에 서서

01   길 건너는 달팽이

비온 뒤 직장을 향해 천변을 따라 걷다 보면 여간 조심스러운 것이 아니다. 평소 나뭇잎이나 풀숲에 있어 보이지 않던 달팽이들이 여기저기 인도에 나와 돌아다니기 때문이다. 주의를 기울이지 않으면 자칫 바삭하고 달팽이가 부서지는 소리가 들릴 테니까 땅을 내려다보며 걷는다.

따로 운동할 시간을 내기가 여간해서는 쉽지 않으므로 언젠가부터 생활 가운데 운동을 곳곳에 숨겨 놓았다. 출근할 때 40~50분, 퇴근할 때 40~50분, 여름철이 아닐 때는 점심 식후 20~30분 짬짜미 걷는다. 근래에는 파워 워킹에 재미를 들였다. 팔꿈치를 직각으로 굽히고 걸을 때마다 상하로 휘젓는다. 마치 군인이 절도 있게 걷는 것이 그려지지만, 가끔 유리창 옆을 지날 때 보면 내 모습이 그다지 폼이 나진 않는다.

이렇게 걷다 보면 천변에서 사시사철 변하는 자연의 모습을 감상하게 된다. 싱그럽게 피어난 꽃들과 '안녕!'이라고 속삭여 보기도 한다. 지인 중 한 사람은 나무나 꽃들과 대화를 한다고 자랑한다. 화창한 날이면 온갖 나무와 꽃들이 환호성을 지르며 반겨주고, 교감을 흠뻑 나눈다는 것이다. 나는 그 정도에 미치지는 못하지만, 그래도 속삭이듯 인사는 나누며 정겹고 미소를 짓고 걷는 것은 자연스럽다.

그런데 비온 다음 날이면 아침에 길을 걸을 때 달팽이들이 지천으로 길을 건너고 있는 것을 볼 수 있다. 아마 한쪽에서 풀들을 먹다가 다른 곳의 풀이 먹고 싶었던 것인지, 환경을 바꾸려는 것

―― 비온 뒤 길을 건너는 달팽이, 문제는 이들이 아주 느리다는 데 있다. ――

인지 그야말로 대이동을 한다. 문제는 이 달팽이들이 작아서 눈에 잘 띄지 않고 아주 느리다는 데 있다.

이 속도로 언제 저쪽 풀밭에 도달할까?
사람들이 속속 천변을 걷기 시작하는데 어쩌려고 이 달팽이들은 길에서 방황하고 돌아다니거나 길을 건너려고 하는지. 여러 차례 길 한복판에 있는 달팽이들을 주워 건너편 풀숲으로 던져주곤 하지만 역부족이다. 모든 달팽이들을 다 돌아볼 수는 없으니 안타까울 뿐이다. 간혹 여기저기 압사당한 달팽이들의 사체들도 실제로 보인다.
혹 놓치고 밟지 말기를 바라며 걷지만 언제 '바삭' 하는 소리가 내 발 밑에서 들릴지 모른다. 일터에 다다르면 안도의 숨을 내쉰다. 며칠 후 또 비가 왔는데 이번에는 길을 거의 다 건넌 달팽이 몇이 보였다. 사실은 그런 달팽이가 있는지 의도적으로 살펴보았던 셈이다. 그랬더니 정말 건너편 풀숲에 거의 도달한 달팽이들의 사진을 찍을 수 있었다.
'그래, 조금만 더 힘을 내라! 거의 다 왔어.'
여러 날이 지나 또 비가 왔다. 역시 달팽이들이 여기저기 길에

건너편에 거의 다 다다른 달팽이가 보인다.

나와 있다. 오른쪽에서 왼쪽으로 가는 녀석, 왼쪽에서 오른쪽으로 가는 녀석, 왼쪽에 치우쳐 머무는 녀석, 오른쪽에 머무는 녀석, 길 한복판에서 헤매는 녀석, 그리고 방향을 잘못 잡고 종으로 길을 가는 녀석, 언제까지 길을 가려고 저 방향을 향해 가는지 정말 답이 없는 녀석도 있다. 저러다가 어느 행인의 발밑에서 횡사하려는 게야?

우리는 모두 길을 가고 있다. 운명적으로 태어난 이상 어딘가 걸어가고 있다. 어떤 사람은 분명히 갈 길을 정하고 가지만 어떤 사람은 길을 나서서 가다 보니 걷고 있는 사람도 있다. 걸으며, 하염없이 걸으면서도 '어디로 가야 하나?' 한숨을 내쉬기도 한다. 어떤 사람은 아무 생각 없이 걷는다. 어디로 가는 것이 무슨 의미인가? 그냥 걸어야 하니 걷는다. 비 온 뒤 길에 나온 달팽이처럼 때론 잘못된 길로 정처 없이 걷기도 한다.

여호와께서 이렇게 말씀하신다. "길에 서서 살펴보고 옛길을 물어보아라. 좋은 길이 어디인지 물어 그곳으로 걸어가라. 그러면 너의 혼이 안식을 얻게 되리라. 그러나 그들은 '그곳으로 가지 않

방향을 잘못 정한 달팽이, 길을 종축으로 향하였다.

겠습니다.' 하였다. (예레미야 6:16)

    얼마 전 바다거북 안에 내비게이션 같은 기능을 하는 무언가가 있어 수천 킬로미터 떨어진 곳에 용케도 찾아간다는 과학기사를 읽은 적이 있다. 연어는 우리로서는 이해하기 어렵지만 기이하게도 시내에서 자라 대양으로 나갔다가 다시 그 태어난 시내로 돌아온다. 사실 우리 존재는 무언가 희미한 북극성 같은 존재가 있어 내가 지금 가는 길이 그 길이 아닐 수 있다는 소리 없는 신호를 받곤 한다. '이렇게 사는 것이 다는 아니야. 이 방향으로 간다면 나의 인생은 의미가 없어.' 그래서 가던 길을 돌아서기도 하고 마음 깊은 곳에서 평온을 찾을 때까지 방향을 수정하기도 한다. 때론 누군가가 간 길이 마음에 와 닿아 그 길을 걸어보기도 한다.

    내가 지나온 인생의 길을 보더라도 십여 차례 크고 작은 방향 전환이 있었다. 그때 그 지점마다 계기들이 있었지만 결국 돌아보니 그 어떤 한 방향을 향한 끊임없는 방향 전환이었다. 남들이 다들 걷는 길이라 그리로 가보았지만 그것이 내게는 맞지 않았다. 좋아 보여 선택

했지만, 그리고 무언가 얻는 것 같았지만 그것도 내 길이 아니었다.

내 깊은 존재로부터 평온을 얻도록, 그래서 내가 하는 일과 내가 하는 행동과 내가 하는 말이 하늘을 우러러 그다지 부끄럽지 않도록 이끄는 무언가의 힘이 있다는 것을 말하지 않을 수 없다. 그 옛날 별자리를 보며 항해한 뱃사람들처럼 우리 안에 희미하게 느껴졌던 어떤 들리지 않는 미세한 느낌이 여러 차례 방향 전환을 하는 가운데서도 그 길을 가도록 하고 있는 것이다.

비가 갠 후, 날씨가 맑아 친한 벗들과 함께 물안개 공원을 오전 이른 시간부터 걸었다. 수년간 볼 수 없었던 청명한 하늘과 함께 밝은 햇빛이 비쳐 휴양지에 온 듯했다. 그런데 길 곳곳 한복판에 강한 햇빛으로 생애를 마감한 달팽이 몇 마리가 보였다. 그 뒤로 흔적을 남긴 달팽이의 점액질이 그가 어떤 길을 움직였는지 보여주고 있었다. 안타까운 마음에 카메라 셔터를 눌러보았다.

우리의 인생길에서도 목적지에 도착하기도 전에 너무 일찍 생애를 마치지 않도록 기도해보며 다시 길을 걷는다. 지인들과 함께 이런저런 이야기를 나누며 발길을 자꾸 멈추게 하는 달팽이를 돌아보면서.

땡볕에 길을 헤매다가 생을 마감한 달팽이의 흔적이 보였다.

02　　내려가기

|

결혼 30주년을 맞는 해에 우리 부부는 무언가 뜻깊은 일을 해보고 싶었다. 서양 사람들은 진주혼식(眞珠婚式)이라 하여 진주로 된 선물을 주고받으며 성대히 예식을 치르기도 하는 모양이지만, 우리 부부는 그런 이벤트보다는 의미가 있을 어떤 일을 해보고 싶었다. 그 무렵 뉴질랜드로 이민 간 지인으로부터 밀포드 트랙(Milford track)에 대한 이야기를 듣게 되었다.

뉴질랜드 남섬에 있는 밀포드 사운드라는 곳에서 4박 5일 산행을 하는 것인데, 너무 아름다운 곳이라 이곳 산행이 세계 여러 나라 사람들의 로망이라는 것이었다. 사운드(sound)는 대양이 육지로 좁다랗게 깊이 들어온 협곡 또는 만(灣)을 지칭하는 지형인데, 홍수 때 강물이 급속히 흐르며 이러한 지형을 생성하기도 하고, 빙하가 흘러가며 협곡을 만들기도 하는데 후자의 경우는 피요르드(fjord)라고 한다.

아무리 밀포드 트랙이 세계인의 로망이라 할지라도 우리 부부가 전혀 산악인이 아니라는 점이 문제였다. 기껏 가봐야 동네 천변을 산책하거나, 근처의 야산, 그것도 둘레길 걷기를 선호하는 정도이다. 산행이라고 해봐야 인제 자작나무숲이나 가평 잣향기푸른숲, 그나마 가장 높이 올라간 곳이 곰배령 정도였다. 더구나 산장에서 잠을 자야 하는 숙박 산행은 대학생 때 단 한 번 가보았을 뿐이었다.

지인이 알려준 바로 밀포드 사운드 하이킹의 방법은 두 가지가 있는데, 둘 다 미리 예약을 해야 하고 정해진 인원만 들어갈 수 있다고 하였다.

첫 번째 방법은 자유 하이킹으로, 이 경우 음식은 각자 해결해야 하고 산장에서 잘 수는 있지만 침구는 자신이 준비해야 하므로 짊어지고 가야 할 짐만 족히 40~50Kg을 넘는다는 것이었다.

두 번째 방법은 가이드가 안내하는 전문 하이킹 업체인 Ultimate hikes 프로그램에 합류하는 것인데, 이때는 산장에서 숙박하며 따뜻한 온수도 나오고 음식은 레스토랑 수준의 석식과 간편 조식을 제공하며, 아침식사 시간에 그날의 점심 도시락을 각자 준비한다는 것이었다. 이 경우 배낭의 무게는 15~20Kg 정도가 된다고 했다.

두 번째 방법의 경우는 그렇게 어렵지 않으니 도전해 보라고 지인이 권하였다. 당연히 첫 번째에 비해 고비용이 요구되었다. 많은 고려와 논의 끝에 다른 한 가정의 부부와 함께 가이드 하이킹에 참가하기로 했다.

최대한으로 비용을 줄이기 위해 하이킹 프로그램의 4박 5일 일정이 아닌 숙소와 비행기 편은 우리가 개인적으로 예약하고, 북섬에 머무는 동안에는 지인의 집에 머무르기로 하였다. 30주년 결혼 기념이니 이 정도는 우리 자신의 남은 일생을 위해 투자하자고 눈을 질끈 감고 결정하였다.

출발 한두 달 전부터 우리는 산에 오르는 훈련과 아파트 12층인 우리 집까지 엘리베이터 타지 않고 걸어서 올라가는 훈련을 시작했다. 난이도가 보통 정도라 하지만 산행을 별로 하지 않던 우리 부부는 각자 각오를 단단히 하고 훈련에 들어갔다.

드디어 인천공항을 출발했다.

흰 눈으로 데커레이션된 웅장한 산들이
퀸스타운을 둘러싸고 있었다.

저녁에 국적기를 타고 밤새 날아가 다음날 아침 뉴질랜드 북섬 오클랜드 공항에 도착했고, 거기서 다시 루프트한자 항공사 편으로 남섬 퀸스타운으로 향하였다. 퀸스타운은 높은 산 위에 하얀 눈으로 데커레이션을 하고 우릴 반겼다.

이런 풍경 자체만으로도 낯선 데다, 맑고 푸른 하늘과 신선한 공기가 완전히 다른 세상에 온 듯하여, 긴 여정으로 피곤했지만

퀸스 타운 호수가에서

잠시 휴식한 다음 퀸스타운 가든을 돌아 퀸스타운 시내를 한 바퀴 둘러보지 않을 수 없었다.

다음날 이른 아침에 출발할 장소를 확인한 후 숙소로 돌아왔다. 퀸스타운 가든을 한 바퀴 돌아보는 길만으로도 이미 뉴질랜드에 왔다는 사실을 실감하기에 충분하였다.

다음날 출발하는 장소에서 버스 편으로 배를 탈 선착장까지 갔다. 몇 시간에 걸쳐 갔는데 버스 안에서 보는 주변 풍광이 파노라마식으로 거대한 영화관의 스크린처럼 펼쳐져 전혀 지루한 줄 모르고 수학여행을 떠난 학생처럼 흥분하며 들떠서 가다 보니, 테어 나우(Te Anau) 호숫가 선착장에 이르렀다.

뉴질랜드 전체에서 두 번째, 남섬에서는 가장 큰 호수로서 남북이 65km로 길게 놓인 호수인데, 마오리족 와이타하 부족의 족장인 헤카이아의 큰 손녀딸 이름에서 기원하였다고 한다. 장시간 배를 타고 가는데 호수 주위에 높이 솟은 산들과 그 정상에 쌓인 눈들이 장관을 이루었다.

테어 나우 호수를 가로지르는 배에서 바라본 경관

첫날은 버스와 배로 이동하는 시간이 많았고 도착한 글레이드 하우스에서 사슴고기 스테이크 메뉴의 저녁식사를 한 다음 서로 소개하는 시간을 갖게 되었다. 참여한 사람들은 30여 명으로 미국, 호주, 유럽, 그리고 자국인 뉴질랜드 등 다양한 국가에서 왔는데, 아시아권에서는 우리 두 부부와 일본에서 온 70대 부부 등 여섯 명이 다였다.

저마다 오게 된 사연과 하이킹에서 무엇을 얻고자 하는지를 터놓으며 4박 5일 함께 움직일 동반자들에게 자신을 알렸는데, 참가 이유로는 버킷 리스트에 들어 있었기 때문이라는 이야기가 가장 많았다. 생애에 한 번쯤은 꼭 해보고 싶었던 버킷 리스트 항목에 소중히 넣어두었던 일을 용기를 내어 시도해본 평범한 사람들이었다.

물론 그 중에는 남다른 사연을 가진 분들도 있었다. 암에 걸렸다 치유된 아내와 함께 온 부부도 있고, 엄마와 딸이 손잡고 온 경우도 여럿이 있었으며, 장인과 사위가 손발을 맞춘 경우도 있었다.

차례가 되어 조금은 어눌한 영어로 우리 부부가 참가한 이유를 설명하였다. 결혼 30년을 맞아 무언가 의미 있는 일을 해보고 싶었고, 특히 인생의 삼분의 이를 산 시점에서 남은 일생을 어떻게 살아야 할지, 이번 하이킹 과정에서 서로 이야기를 나누며 마음의 정리를 하고 싶었다는 뜻으로 말하였다.

아내는 조금 다른 취지로 소감을 밝혔다. 부부는 실과 바늘 같아서, 자신은 꼭 참가해야겠다고 열망하지는 않았는데, 남편이 가자고 하니 따라왔다는 뜻으로 이야기하였다. 그러자 호주에서 온 남자들이 큰 소리로 환호하며, "우리 아내들이 이 말을 들었어야 해!"라고 소리를 지르며 박수까지 쳤다.

나중에 봤더니 호주에서 온 이 아저씨들은 하이킹 내내 우리 팀과 서로 번갈아 가며 꼴찌 자리를 주거니 받거니 했고, 마지막

[출처: https://www.ultimatehikes.co.nz/multi-day-guided-walks/milford-track]

글레이드 하우스에서 아침에 출발하며 마주친 광경

지점에는 우리와 거의 나란히 꼴찌로 도착한 팀이 되었다. 다들 생업 현장에서 열심히 살아가느라 몸은 그다지 날렵하지 않은 분들이었는데, 우리가 쉬면 그들이 지나가며 격려하고, 그들이 쉬고 있으면 우리가 격려하며 주먹 악수로 '으쌰, 으쌰'를 외치곤 했다.

하이킹 첫날은 별로 걷지 않아 저녁 어스름이 내릴 무렵까지 산책하다 숙소로 들어가는데, 영어권에서 사는 나이 지긋한 한 아저씨가 나에게 "제2 외국어인 영어로 자신의 마음에 와 닿을 정도로 명료하게 의사 전달한 것은 정말 대단하다."며 '엄지 척'으로 격려까지 해주셨다.

클린턴 강과 이를 건너는 다리

아침에 일어나 정해진 식사시간에 부지런히 달려가 식사를 한 다음 중식 도시락까지 챙겨 일찍 떠난다고 떠난 것 같은데, 다른 사람들은 이미 대부분 출발한 뒤였다. 부지런하기로 둘째가라면 서러운 한국인들이라고 하는데, 정작 서양인들은 우리보다 더 부지런을 떠는 것이 아닌가? 아침 안개가 신비롭게 내려와 있는 숲 속을 향해 첫 번째 다리를 건너 클린턴 강을 오른쪽에 두고 산행을 하게 되었는데 그 광경이 그야말로 비경이다.

둘째 날은 가파른 산을 오르는 코스는 없고 서서히 완만하게

"트래킹 코스 내내 장엄한 산들과 파란 하늘들이
마음을 시원케 해주고

올라가는 길이라 그다지 어려움이 없었다. 그러나 거리가 16km 정도로 그다지 멀지는 않았지만, 오르락내리락하며 걷는 길이라 중간에 점심 먹으며 잠시 쉰 것 말고는 계속 걸었는데도 거의 예상 시간에 맞춰 도착할 정도의 구간이었다.

이 구간은 연중 많은 비가 내리므로 우림 지역이라 불리는데 키 큰 나무와 땅에 붙어 자라는 초록색의 이끼들과 나무줄기에서 늘어뜨려 자라는 넝쿨들로 이국적인 풍광을 자아내고 있었다. 하루 종일 걸어온 거리가 좀 멀긴 해도 주변의 자연경관을 감상하고 맑은 계곡물에 유유자적 헤엄치는 송어를 구경하며 십여 개가 넘는 폭포들을 지나다 보니 전혀 문제가 되지 않았으나, 몸은 고단했던지 밤에 뉴질랜드 숲속에서 별들을 보려고 했던 계획은 수포로 돌아가고 말았다.

꼭 보고 싶었던 뉴질랜드 밤하늘의 수많은 별들은 그 이후로도 맘뿐이었고, 종일 걷는 하이킹으로 피곤한 몸은 여지없이 매번 숙소에 눕자마자 아침 눈 뜨는 시간까지 깊이 곯아떨어지게 만들었다.

전 코스 중 가장 높은 맥킨논 패스를 지나서

문제는 셋째 날 발생하였다. 가장 높은 봉우리를 넘는 구간인데, 전체 거리도 15Km로 만만치 않았다. 지그재그로 닦아 놓은 길 덕분에 힘은 들어도 걱정한 것만큼 어렵지는 않았다. 오르막길에서는 꼴찌를 면하고, 중상위권으로 앞서가기도 하였다.

웅대한 산들과 장관을 이룬 계곡들을 발아래 두고 오르다 보니 멀리서 이미 정상에 오른 선발대의 환호 소리가 들렸다. 드디어 일차 목적지 맥킨논 패스(Mackinnon pass)에 도착하자 확 트인 능선에 자연이 빚어놓은 작은 연못이 있고, 장대한 산들은 군락을 이루며 발아래 펼쳐져 있다. 이곳에서 가이드들이 뜨거운 코코아를 한 잔씩 타 준다. 늦게 온 사람은 마시지도 못하였다고 하니, 여기까지는 웬일로 우리가 선전을 한 셈이었다.

세계에서 가장 아름다운 풍경을 볼 수 있다는 정상 화장실에서 볼일을 본 후 점심식사를 하는 곳에 이르러 지칠 대로 지친 몸을 내려놓고 서로 웃어가며 점심을 먹었다. 그날 저녁은 다시 산을 내려가 퀸틴 롯지에서 묵어야 하므로 잠시 후 우리는 무거운 몸을 일으켜 떠나야 했다.

한동안 산길을 내려가는데 아내가 무릎 관절 뒷쪽, 움푹 들어간 부분이 아파오기 시작한다고 호소하였다. 오금이라고 하는 곳으로 의학 용어로는 슬와(膝窩) 부위인데 점점 더 아파오기 시작한다는 것이었다.

좀 일찍 내려가면 서덜랜드(Sutherland) 폭포를 본 다음 숙소에 들어갈 수 있었고, 정상까지의 우리 진도로 봐서는 충분히 가능한 일이었는데, 아내의 상태로는 도저히 갈 수 있을 것 같지 않아 동료 부부에게 먼저 내려가시라고 했다.

아내는 뒤로 내려가면 덜 아프다고 하며 뒷걸음으로 하산하기 시작하였다. 아뿔싸, 우린 이 하이킹을 준비하는 동안 평지 걷기나 오르막길 걷는 연습만 하였지 내리막길에 대한 훈련은 하지 않았던 것이던 것이다.

내리막길은 아무 것도 아니고 매우 쉬울 것으로만 생각하여 구태여 내려가는 훈련을 할 생각은 꿈에도 없었던 것이다. 그런데 가장 힘든 오르막길은 무려 중상위권으로 주파한 우리 부부가 생각지도 못한 내리막길에서 이런 난관에 부딪치게 될 줄이야!

한 번 죽는 것은 사람들에게 정해진 운명이고, 그 후에는 심판이 있습니다. 그러므로 그리스도도 많은 사람의 죄들을 짊어지시려고 한 번 드려지셨고, 그분을 간절히 기다리는 사람들에게 죄와 상관없이 두 번째 나타나시어 그들을 구원에 이르게 하실 것입니다. (히브리서 9:27~28)

좀 내려가다 보니 먼저 내려갔던 일행 중의 부부가 자리에 앉아 쉬면서 우릴 기다리고 있었다. 우리 때문에 유명한 폭포를 구경하지 못하고 곧장 숙소로 가게 되어 미안한 마음이 들었다.

이제 넷째 날, 샌드플라이 포인트(Sandfly point)라는 곳까지 가게 된다. 샌드플라이는 작은 파리인데 모기처럼 사람이나 동물에 달라붙어 피를 빨아먹는 곤충이었다. 질병을 옮기거나 하지는 않으므로 큰 문제를 일으키진 않지만 물리면 여간 가려운 것이 아니라고 하여 곤충 기피제를 노출된 부위에 바른 다음 손에 장갑을 끼고 출발하였다.

그런데 아내의 슬와 통증이 밤새 쉬었음에도 불고하고 좋아지지 않았다. 할 수 없이 일행인 부부 중 남편 되시는 분과 내가 둘이서 아내의 배낭을 각자의 배낭 위에 짊어지고 내려가기로 하였다. 그러다 보니 낑낑대며 걷게 되었고, 우리는 다시 꼴찌를 도맡아 하게 되었다 그런데 앞서 언급한 호주 팀도 만만치 않은 듯 저만치에서 앉아 쉬고 있다.

하이파이브! 서로 격려하며 걷는데 우리 모습에 마음에 놓이지 않는지 가장 뒤를 담당하던 가이드 엘라가 아내의 짐을 다른 가이드 섀논과 나누어지겠다고 하였다. 너무나도 미안하지만 다른 방책이 없어 우리는 신세를 질 수밖에 없었다.

자이언트 폭포의 장관이 힘겨운
마지막 산행길의 어려움을 말끔히 씻어주었다.

호주 팀과 번갈아 꼴찌를 다투며 가다 엘라가 노래를 시킨다. 우리는 한국어 찬송가를 불러 주었는데 그녀가 너무 좋아하였다.

맥케이 폭포와 마지막 폭포인 자이언트 폭포를 지났다. 마지막 목표 지점 샌드플라이 포인트가 3마일밖에 남지 않았다는 말이었다. 목적지가 가까워질수록 샌드플라이가 점점 기승을 부린다. 기피제로 범벅이 된 팔과 손에 와서 죽으면서도 마냥 달라붙는다. 정말 지명이 왜 샌드플라이 포인트인지 여실히 보여주었다.

33마일 표지 말뚝을 지나니 호주 팀이 33.5마일 표시판에서 우릴 기다리다 허그를 해주고 등을 두드리며 격려해주었다. 마이터 피크 롯지에 모든 짐을 내려놓고, 나흘에 걸친 모든 노고와 피로감이 말끔히 씻겨 나가도록 샤워를 한 다음, 이번 여정의 하이라이트인 마지막 저녁 만찬에 참여하였다.

이때 한 사람 한 사람 불러내어 완주 자격증을 주었다. 한 사람씩 자격증을 받을 때마다 환호성과 박수와 서로 격려하는 소릴 발하는데 가장 큰 환호성을 받은 사람은 바로 나의 아내였다.

고난을 만났지만 끝까지 주행한 아내에게 참가자들이 진심 어린 격려를 해주었고, 아내는 네 명의 가이드를 안아주며 감사의 마음을 표시하였다. 우리의 사정을 하이킹에 참여한 사람들이 다 아는 듯하였다.

다음날 밀포드 사운드 크루즈를 마지막으로 하이킹의 모든 여정이 끝나고 버스로 귀가하여 퀸즈 타운으로 돌아왔다. 암에 걸렸다 치유되었던 중년의 한 아담한 서구 여인은 크루즈 내내 아내에게 친밀하게 다가와 안기고 같이 사진을 찍으며 서로 담소를 나누기도 하였다. 고난을 통과하며 하이킹을 마친 아내가 그들에게 마음을 더 열어준 것 같았다.

처음 밀포드 트랙에 참가하여 여정을 시작했을 때 가졌던 질문, '우리의 남은 3분의 1의 일생을 어떻게 살아야 할 것인가?'에 대한 답은 얻지 못한 채 돌아왔다고 우리는 생각했었다. 이 특별한 30주년 결혼 기념행사를 통해 남은 일생의 의미를 논의할 여지는 아름다운 자연 풍광과 끊임없이 걸어야만 했던 일정들과 막바지에 만난 난관으로 사라져 버렸다고 생각했던 것이다.

그런데 귀국 후 시간이 지나며 차차 이 일정이 우리 부부에게 준 의미를 깨닫게 되었다. 내리막길도 준비해야 한다는 것을 말이다. 지금까지 살아오면서 우리는 오르막길에 대한 준비만 해왔다. 대학에 들어가려는 준비, 직장에서 경력을 쌓으며 높이 올라가려는 준비, 결혼하려는 준비, 자녀를 가지려는 준비, 집을 장만하려는 준비… 수많은 산을 오르는 준비만 해왔지 내리막길을 준비해야 한다는 생각을 해본 적이 없었다.

그런데 우리의 일생에 분명 내리막 여정이 기다리고 있다는 것, 그리고 그 마지막에는 우리가 모두 죽게 된다는 것, 그리고 성경은 그것이 다가 아니라 죽은 뒤에도 우리에게 기다리고 있는 것이 있다는 사실을 말해주고 있다. 바로 그것을 위해 준비하라는 메시지가 성경에 기록되어 있는 것이다.

03 미라클 보이

우린 소통이 필요한 존재들이다. 그렇게 지어졌다. 외롭고 고독하다고 푸념할 일이 아니라 누군가와 함께 걸으며 이야기를 나누어보라. 시간이 좀 더 허락한다면 야외로 나가 강변이나 숲속 산길을 함께 걸어보라. 그리고 두부찌개나 산채나물로 따뜻한 밥 한 그릇을 같이 먹어보라. 지나가다 길가에 핀 꽃과 인사하면 입가에 미소가 떠오른다. "안녕!" 하고 아침 일찍 피어난 나팔꽃에게 인사해보라. 그러다 길가에 지천으로 핀 황코스모스에게도 인사해 보라. "하이~~~!" 무언가 나로 하여금 잔잔하고 미세하게 웃음 짓게 하는 응답이 있다.

지나가는 개들도 나를 기쁘게 한다. 여기저기 치우지 않은 분변을 보면 기분이 나쁘다가도, 그 원인이 되는 녀석들을 맞대고 보면 이내 기분이 좋아지고, 사랑스럽게만 느껴진다. 그래서 개나 고양이를 키운다. 가정에서 일어나는 모든 일의 뒤치다꺼리가 결국은 주로 돌아오게 마련인 엄마의 강한 반대에 직면하면 새라도, 그것도 안 되면 수조에 물고기 몇 마리라도 키우려는 거다. 그래서 사람들은 다리 위에서 흐르는 시내에 먹이를 던져주어 물고기들이 항상 그 자리에 모여 기다리게 만들고, '닭둘기'가 된다고 그렇게 하지 말라고 해도 꼭 비둘기들에게 빵 부스러기를 만들어와 던져주고, 귀찮은 일을 마다하지 않으며 집사라는 이야기를 들으면서도 개나 고양이를 키우고, 고생하며 번 월급으로 부모에게 선물을 사드리지 못할망정, 애완동물 먹이를 사고 미장원에도 데려간다.

그래서 우린 카톡을 하고 인스타그램에 '좋아요'를 누르고, 누군가를 팔로잉하고 누군가는 나의 팔로워가 되어 있다. 우리가 살아 있으므로 살아있는 무언가와의 끊임없는 교감을 원하는 무언가가 우리 존재 안에 있다는 것을 인류 역사가, 집단 데이터가 입증해준다. 이 법칙에 대해 논쟁할 필요가 없다.

살아있다는 것, 생명체는 끊임없는 관계 맺음을 요구한다. 단지 지나치며 마주치는 것만으로도 기쁜, 무언가의 교류. 자신만을 사랑하고 유일한 우주의 의미라고 생각한다면, 그 사람은 가장 초라하고 볼품없고, 우울한 사람이 될 것이다.

우리의 삐뚤어지고 괴팍한 기질들 때문에 대화를 좀 하다 보면, 조금 길을 같이 걷다 보면 이내 우리는 부딪치고 불쾌해지고 마음이 상하게 되곤 한다. 그래서 '다신 만나지 말아야지.' 하고 마음먹게 된다.

하지만 내가 틀릴 수 있다는 것을 깊이 깨닫는다면, 그리고 그토록 거슬리게 느껴졌던 타인의 어떤 점도 곰곰이 돌이켜 보면 그다지 틀리진 않았다는 것을 알게 된다면 다른 사람을 좀 더 이해할 수 있고, 나에게 상처를 주는 것처럼 보였던 타인의 어떤 부분도 더 이상 그다지 나를 괴롭게 하지 않을 수 있다.

직업상 많은 사람들을 만날 기회가 있었던 나로서도 어느 정도 관계가 형성되고, 약간 사적인 이야기와 다소 진지한 이야기도 나눌 정도가 되었다고 느낄 때, 무언가 함께 나눌 마음의 공통분모의 숫자가 늘어간다고 여겨질 때 불쑥 지나가듯 묻곤 한다.

"크리스천이시지요?"

상대의 반응은 대개 이렇다.

"아니요."

"음, 저는 가톨릭 신자인데요."

아니면 "네, 크리스천인데 요즘 잘 생활은 못해요." 한다.

이런 세 반응 중 하나인 경우가 팔구십 퍼센트는 되는 것 같다. 아니라고 말하면 나는 눈을 동그랗게 뜨고 말한다.

"아니라고요? 기적이군요. 어떻게 사람이 하나님을 믿지 않고 살 수 있지요? 놀랍군요. 저는 하나님 없이는 살 수 없는데…. 사람이 하나님 없이 살 수 있다면 정말 대단한 것이고 기적적인 일입니다. 사람들은 하나님을 믿으면 기적이 생긴다고 하는데, 저는 사람이 하나님 없이 살 수 있다면 그것이야말로 기적적인 일이라 생각합니다."

이렇게 말하면 상대는 환하게 웃으며 "그래요?" 하고 반문한다.

오해하지 마시라. 나는 상대에게 하나님을 믿으라고 강요한다거나, 믿지 않으면 당신은 지옥에 간다고 말하려는 의도가 전혀 없다. 외적으로는 농담처럼 보이지만 사실은 진담으로 말을 한 것이다. 인생의 3분의 2를 넘게 살아온 나에게 인생을 한 마디로 정리하는 말을 하라고 한다면 "하나님과의 관계가 정상이면, 모든 것이 정상이다."라는 말로 답하겠다.

내 묘비에 이 말을 적어 달라.

이런 이야기를 언젠가 대학생들에게 들려주었는데, 한동안 지난 후 자기들끼리 시시덕거리면서 상대를 '미러클 보이'라고 하는 것이었다. 그 말이 무슨 뜻인지 몰랐는데, 상대가 하나님 없이 사는 것처럼 보일 때 '미러클 보이'라 부르며 키득거리는 것이었다. '아, 대학생들에게 이 말이 들어가니, 저렇게 나오는구나.' 하며, 신성한 농담 같아 보여 경탄을 금치 못하였다.

　인생을 살아오며 많은 일들이 발생하고 많은 고난이 있고 인간으로 감내하기 힘든 환경들도 만난다. 환경이 오면 몰아서 오기도 한다. 마치 죽어라, 죽어라 하는 것 같이 입이 바짝바짝 마르고 쓴 내가 난다. 차라리 죽는 것이 나을 것 같다는 생각도 하게 되고, 사랑하는 가족이 아프면 차라리 내가 아픈 것이 낫겠다 싶기도 하다.

　바닷가에 서 있으면 파도가 끊임없이 밀려오는 것처럼 어려운 환경은 끊임없이 밀려온다. 때론 폭풍이 되어 육지를 집어삼킬 듯 으르렁거리기도 한다. 이러한 때에 나의 상황을 의뢰하고 의탁할 존재가 없다면 얼마나 고통스러운 일인가?

　한동안 나는 주변에 있는 사람들의 문제로 고민을 한 적이 있었다. 그런 고민들은 주로 그들의 상황이 너무 딱한데 내가 그들의 문제를 해결해주기에 턱없이 부족하여 그들의 상태를 지나가야 할 때에 죄책감과 함께 맘에 어려움이 엄습하고, 그래서 차라리 외면하듯 지나가기도 하였다.

　그런데 알고 보니 나는 나 자신도 돌볼 수 없는 사람이었다. 나의 문제도 제대로 해결하지 못하는데, 그런 내가 다른 사람의 문제를 어떻게 근본적으로 짊어질 수 있단 말인가? 나의 문제를 의탁할 존재, 나 자신을 의뢰할 존재를 찾으니 그때부터는 쓴물들이 달게 되었고, 흉흉한 큰 파도들이 어느새 발아래 있게 되었고, 어려움을 만난 사람 옆에 조용히 서서 그를 조금이나마 위로할 수 있게 되었다.

하나님이 모든 것을 지으시되, 때를 따라 아름답게 하셨고, 또 사람에게 영원을 사모하는 마음, 즉 해 아래 하나님 자신 외에는 만족하게 할 수 없는, 역대로 목적을 갖고 역사해온 신성하게 심긴 감각을 주셨느니라. 그러나 하나님의 하시는 일의 시종을 사람으로 측량할 수 없게 하셨도다. (전도서 3:11, [확장 역])

이번에도 주말이 되면 아침 일찍 지인들과 함께 걸어볼 생각이다. 넓은 야외에서 마스크를 하고 사회적 거리를 두고, 음식을 먹을 때는 멀리 떨어져서 말하지 않고, 자연을 벗 삼아 걸어볼 예정이다. 그러면 따뜻한 햇살이 우릴 비출 것이고, 이마에 땀이 나더라도 산들바람이 와서 닦아줄 것이며, 하얗게 핀 이름 모를 여름 꽃들은 우릴 반겨줄 것이다. 도란도란 이야기를 나누며 그렇게 걸어볼 것이다.

04   참 잘했어요

미국 Harbor UCLA 병원의 카사부리(Casaburi) 박사 연구실에서 임상연구 펠로우로 근무하던 시절이었다. 엊그제 같은데 벌써 20여 년이 흘렀다. 만성 폐쇄성 폐질환 환자들에 대한 재활 프로그램 관련 연구 프로젝트를 수행하는 과정에서, 6분간 걷는 거리를 측정함으로써 만성 폐쇄성 폐질환자의 전신적 기능을 측정하여야 해서, 연구실 복도를 이용하여 일정 거리마다 표식을 해놓아야 하였다.

어려운 일도 아니고 그 연구팀에서 가장 어리고 가장 늦게 합류했던 내가 하겠다고 자청하고, 바닥에 앉아 자로 재서 일정 구간마다 표식을 하고 있는데, 잠시 들렀던 카사부리 박사가 내가 한 일을 보더니 "엑설런트!" 하고 웃으며 칭찬을 하였다. 나는 속으로 '아니 이런 사소한 일에 대해 엑설런트라고 다 큰 어른에게 호들갑을 떨며 칭찬하다니 좀 심한 것 아니야?'라고 생각했다.

그런데 일상생활에서 이들의 삶을 들여다보니, 이들은 아주 흔하게 일상생활 가운데 서로 'excellent', 'outstanding', 'good'… 이런 표현을 사용하는 것이었다. 점차 깨닫게 된 것은 이 사람들은 정상적인 사람이 정상적인 일을 했으면 그것에 대해 "참 잘했어!"라고 말한다는 것이었다.

얼마 전 세계여행 프로그램 방송을 본 적이 있다. 유럽의 어떤 나라를 방문한 프로그램이었는데, 촬영진이 어느 전시장을 지나다가 많은 사람들이 모여 있어 호기심에 가보았는데 작품전이 열리고 있었다. 안으로 들어가 보니 어린아이들의 작품이 전시되고 있었다. 그런데 그 분위기는 마치 유명 화가의 작품이 전시된 것 같은 분위기였고, 모인 사람들이 작품 앞에서 경탄하며 진지하게 작품들을 감상하고 있었다. 주로 그 작품을 만든 아이들의 가족들이었다.

그 장면이 기이하게 느껴졌던지, 촬영진이 그들과 인터뷰하며 한동안 그 장면을 영상에 담았다. 그들에게도 보통의 아이가 그 나이에 걸맞게 정상적인 어떤 활동을 한 것이 대견하고 참으로 칭찬할 만한 일이었던 것이다. 그런데 그 모습이 우리에겐 그렇게 낯설었다.

한 번은 인스타그램에 러시아에 있는 유리에브나라는 예술가이자 미술 선생님이 제자들의 작품을 올린 적이 있었다. 그들의 작품과 함께 때론 그 작품을 그린 어린이들 사진이 같이 올라오곤 했는데, 내 눈에는 보통 아이들보다 약간 잘 그린 그림들이었다.

그런데 각 그림의 특징과 특성을 관찰해 보니 어떤 아이는 색채가 좋았고, 어떤 아이는 전체적인 그림의 구도가 눈길을 끌었고, 어떤 아이는 그림에 인물들이 환하게 웃고 있는 모습들이 좋았다. 감상하려고 하니 무언가 좋아 보이는 것들이 내 눈에 들어오기 시작하는 것이었다. 그래서 각 작품마다 느낀 특성을 써주면서 참 좋다고 해주었다.

그랬더니 그 인스타그래머가 고맙다고 답글을 달았다. 루마니아 출신의 교사였는데 지금은 러시아에서 활동하고 있는 듯하였다. 그러면서 자신은 자라면서 한 번도 칭찬을 받아본 적이 없다고 하였다. 한국에서도 웬만해서는 자라는 동안 칭찬받질 못한다고 맞장구를 치고 격려하며, 최근 내게 있어서 '잘했다.'는 말의 정의에 대해 '정상적인 사람이 정상적인 일을 했으면 참 잘한 것'이라는 이야기를 들려주면서, 우리는 우리 다음 세대들에게 이렇게 하는 것이 좋겠다고 생각한다는 말까지 해주었다.

우리는 상위 1% 또는 0.1%에 들어야 잘했다는 이야기를 듣는다. 모든 과목 100점을 받아야 참 잘했다는 이야기를 듣는다. 그러다 보니 한두 과목 점수가 좀 잘 나오지 않으면 닦달하는 부모도 있다는 이야기가 들려온다. 아이들은 전교 1등을 하여도 편치가 않다. 다음에 전교 1등자리를 놓치면 좌절하게 되고, 심지어 극단적 행동을 취한 경우도 있다. 대다수의 아이들이 1%에 못 드는 것은 매우 당연하므로 우리 아이들은 대다수가 불행할 수밖에 없는 문화적, 사회적 흐름 가운데 놓여 있다. 이러한 무한 경쟁의 구도 속에 잘하는 아이들도 불행한 것이다. 모두가 불행한 사회를 만들어가는 것은 어른들이고, 거기에 상위권 학생들만 귀여워하시는 것처럼 보이는 선생님들도 한 몫을 하고, 입시 지도 학원 선생님들은 프로페셔널하고 냉정하게 도마질을 해댄다.

여기서 좀 생각해보자, 보통 사람이 일상적인 일을 제대로 수행하였으면 잘한 것 아닌가? 누구나 평범하게 할 일을 잘한다면 우리 사회는 풍요로워지는 것이 아닐까? 선생님들이 아이들을 사랑하고 아이들이 인격적으로 개선되는 것을 즐거워하시면 참 잘하고 계신 것 아닌가? 의사 선생님들이 자신 앞에 온 환자 한 사람 한 사람의 문제를 진지하게 고민하고, 그 환자에게 최상의 선택을 해서 치료해주고 있다면 우리 사회는 건강한 것 아닌가? 이차 이득에 관심이 없고 누구나 일차 이득에 충실하다면 우리 사회는 참으로 행복한 사회가 될 것이다.

지인 중에 계약직으로 기초학력 담당교사를 맡아 일하고 계신 분이 있다. 학교마다 그 선생님을 부르는 호칭이 다 다른 것 같은데 '쑥쑥 교실' 선생님, '능력 교실' 선생님, '무한도전' 선생님과 같은 별칭으로 부르는 모양이다. 초등학교의 각 학급에서 학업 성취도가 떨어지거나 전체 수업에 지장을 주는 아이들을 맡아 개별적으로 또는 소그룹으로 교육하는 선생님이라고 한다.

이분이 처음 맡은 아이들은 주로 성적이 매우 불량한 아이들이었다. 그런데 이분은 아이들을 보면 너무 사랑스럽다는 것이다. 이분이 아이들을 돌본 후 1년이 지나면 놀랍게도 아이들의 상태가 개선되고 성적이 상위권으로 진입하여 아이들을 보낸 선생님들과 교장, 교감 선생님들이 모두 놀라셨다는 것이다.

이 이야기는 다른 경로로 교육계 장학사와 교장을 지내시고 계신 선생님들을 통해서도 동일한 말을 들었으니 사실로 확증되었다. 심지어 3년 내내 아이들을 보냈던 어떤 교사는 자신이 가르칠 때 도저히 개선이 안 되었던 아이를 보냈더니 개선되는 모습을 보고 자신의 교습 방법에 무슨 문제가 있는가 하고 대학원을 다니기로 결심하기도 하였다.

그분에게 비결을 물어보았다. 이분은 아이들을 처음 대했을 때 어떤 선입관도 갖지 않고, 있는 그대로 현 상태를 인정하고, 사회의 어떤 기준도 적용하지 않고, 앞으로는 나아질 일만 있다는 확신과 믿음을 갖는다는 것이었다. 그래서 아이들이 그 시기에 당연한 학습 수준에 도달하였을지라도 칭찬을 해주게 된다고 하였다.

당연히 알아야 한다고 하는 것들을 알게 된 것임에도 아이들은 그 어디서도 들은 적이 없었던 칭찬과 격려를 받게 된다. 예를 들면

2학년 아이가 덧셈 뺄셈을, 3학년 아이가 구구단을 하게 되면 이 선생님의 진심 어린 큰 칭찬을 받게 되는 것이다. 그렇게 한 해가 지나 연말이 되면 다른 선생님들의 눈에는 기적이 일어난 것처럼 보이는 셈이다. 늦게 되는 아이들은 있어도 안 되는 아이들은 없다는 것이 수년간 이러한 아이들을 지도한 이 선생님의 결론이었다.

처음 이 선생님께 아이들이 인도되면, 수업이나 공부 이야기를 하지 않고, 먼저 마음을 받아주고 알아주려고 하는데, 예를 들어 감정 카드를 이용하여 아이들의 마음 상태를 이해해준다. 아이들은 자신들의 마음만 알아주었을 뿐인데, 부정적이고 어두운 마음은 사라지고, 아이들의 긴장감이 눈 녹듯 사라져 버린다고 한다. 그분의 결론은 모든 아이들의 마음속에 스스로 정답을 가지고 있는데, 무언가에 잠시 막혀 있었을 뿐이고 그것을 만져주면 아이들이 놀랍게 변화된다는 것이다.

그러나 예수님께서 "어린아이들이 나에게 오는 것을 허락하고 막지 마십시오. 왜냐하면 천국이 이와 같은 사람들의 것이기 때문입니다."라고 하시고 (마태복음 19:14)

오늘 우리 주변의 아이들에게, 직장 동료들에게, 심지어 상급자에게, 부모님께, 아내에게, 그리고 남편에게 한 번 이야기해보자.
"그것, 당신께서 하셨어요? 참 잘하셨어요!"
입으로만 하지 말고 맘 속 깊이 그것을 감상하면서 말이다.

05 　　비움

　　　|
　　　의과대학 시절만 해도 성장한 사람의 뇌세포는 더 성장하지 않는다고 배웠다. 중추신경은 손상되면 회복이 안 된다는 것이 그 당시 의학지식에 따른 정설이었다. 그러나 최근 뇌 과학에 대한 연구가 급속도로 진행되면서 성인의 경우에도 중추신경에 적절한 자극이 가해지게 되면 신경의 연결망이 급속도로 뻗어나가며, 뉴런 간 새로운 연결을 형성하게 되고, 뇌피질의 개편도 일어날 수 있게 된다는 것이 밝혀졌다.
　　새로운 뇌세포의 생성도 과거 후각 신경과 기억과 관련된 해마체에 국한된 것으로 알았으나, 소뇌를 포함한 뇌의 다른 부분에서도 일어난다는 것이 밝혀졌다. 이러한 현상은 나이가 들어서도 생애 전체를 통해서 일어날 수 있다는 것이 알려지게 되었다. 또한 조기 치매 같은 경우도 인지훈련을 통해 인지능력이 향상될 것이 기대되어 약물치료만이 아닌 비(非)약물적인 치료의 중요성도 강조되고 있다. 쉬운 말로 말하면 우리의 뇌는 나이가 들어도 새로운 자극을 받으면 새로워질 수 있고 기능이 개선될 수 있다는 말이다. 심지어 인지 능력까지도. 이러한 개념을 신경가소성(neuroplasticity)이라고 부른다.

　　자기 십자가를 지지 않고 나를 따르는 사람도 나에게 합당하지 않습니다. 자기 혼 생명을 잃을 것이고, 나를 위하여 자기 혼 생

명을 잃는 사람은 혼 생명을 얻을 것입니다. (마태복음 10:38~39)

　　이러한 신경가소성을 증가시키는 데 좋은 자극들은 평소 하지 않았던 것을 시도해 보는 것이다. 나이가 들었어도 새로운 언어 배우기, 뒤로 걷기, 스포츠댄스 등 평상시 해보지 않았던 일에 도전해 보는 것이다. 그리고 나하고 맞지 않은, 죽어라고 생각이 다른 당신의 아내나 남편의 그 생각을 한 번 수용해 보라고 개인적으로 권하고 싶다.

　　어쩌면 당신의 머리에서 김이 올라올지 모르지만 당신의 뇌세포는 매우 건강해질 것이다. 결혼 생활이 30년을 넘은 우리 부부의 경우는 각자 살았던 세월보다 둘이 산 세월이 더 길어지게 되었다. 그런데 아직도 어떤 일을 바라볼 때 관점이 다르고 이해가 다르고 생각이 다르다. 달라도 너무 다른 경우가 드물지 않다. 이런 상황에 직면할 때마다 내 생각이 항상 옳은 것이 아니라는 것을 다시 깨닫고 자신의 생각을 내려놓는 훈련을 한다. 사실 그렇지 않으면 길이 없다. 이렇게 하려면 자신이 끝나야 하고, 자신을 죽음에 넘겨야 가능하다. 그런데 기묘하게도 나 자신의 생각을 내려놓았는데 내 생각의 폭은 더욱 넓어지게 된다.

　　우리의 육신의 몸도 사용하지 않으면 위축이 오고 심해지면 기능을 잃게 된다. 인대가 늘어나거나 골절을 입어 장기간 깁스를 하고 나면, 다친 쪽의 움직이지 않았던 발 근육들은 반대쪽 발에 비해 그 근육의 양이 현저히 줄어들어, 깁스를 푼 후에도 걷기가 쉽지 않다는 것을 깨닫게 된다.

　　우리의 뇌도 항상 사용하고, 익숙한 것만 행한다면 뇌의 다른 부분들은 발달하지 못하고, 심지어 노인의 시기에 들어가면 위축이 일어나며 따라서 폭넓은 생각을 하지 못하고 편협한 생각에 빠지게 된다. 지하철에서, 구청에서 자신의 주장을 굽히지 않고 고성을 지르는 분들을 드물지 않게 보곤 하는데 이러한 이유로 인한 경우가 많다.

  자신이 일생 배워온 것, 체험한 것, 들어온 것들의 테두리 안에서 생각해온 대로가 항상 옳다는 고집을 내려놓지 못한다면 우리의 생각은 편협해지고, 이렇게 시간이 지나 노년에 이른다면 우리는 폭넓은 생각, 남을 배려하는 생각은 하고 싶어도 할 능력이 없어지게 된다. 그렇다고 참되지 않은 것들을 받아들이거나 거짓된 것을 받아들이라는 말이 아니다. 나의 생각이 참된 것이 아닐 가능성, 내 관점이 틀릴 수 있다는 것을 인정하고 참된 것을 찾아보라는 뜻이다. 이렇게 하는 데는 지금도 늦지 않았다.

06 길을 묻다

얼마 전 동대문디자인플라자(DDP)에서 개최된 학술대회에 참가한 적이 있었다. 점심식사 후 가벼운 산책을 할 겸 흥인지문공원에서 출발하여 서울 성곽 길을 따라 낙산공원까지 갔다가, 다시 내려와 신호등 흐름을 따라 걷다 보니 디자인플라자 건너편 쪽으로 걸어 내려오게 되었다.

그런데 길가의 작은 가게 간판대 옆의 골판지에 대충 편하게 쓴 글씨로 "길을 묻지 마시오, 힘듭니다. 물건을 사고 묻던지."라고 쓰여 있는 것을 발견하였다. '저 안내판을 쓰기까지 얼마나 많은 사람들이 그곳을 지나며 길을 물었을까? 그리고 얼마나 자주 짜증이 나서 퉁명스러운 답을 하였을까?' 하는 생각이 들어 미소를 짓게 되었다. '관광안내소를 바로 저 자리에 설치해야 되겠네, 약도 보고

잣 향기 푸른 숲을 지인들과 걸으며

찾아야 하는 안내소들이 얼마나 많은가?' 하는 생각도 들었다.

낯선 동네에서 처음 가보는 곳을 찾아가려면, 특히 정해진 시간 내에 가야 할 경우, 우리는 얼마나 가슴을 졸이곤 했던가? 길을 모르는 것만큼 답답한 일도 없다. 딱히 시간에 제한도 없이 정처 없이 '뚜벅이'처럼 걷는 것 자체를 즐기는 여행객이 아닌 다음에야.

요새야 내비게이션 기능을 갖춘 구글 맵이 있으니 낯선 도시를 찾아갈 때 미리 지도를 받아놓은 스마트폰을 보며 찾아가니 심적 부담이 덜하지만, 그 전에는 묻고 또 물으며 길을 찾곤 하였다. 길을 묻는 것도 이젠 아득한 추억거리가 된 셈이다.

> 예수님께서 그에게 말씀하셨다. "내가 곧 길이요, 실재요, 생명이니, 나를 통하지 않고서는 아무도 아버지께로 가지 못합니다." (요한복음 14:6)

일하는 곳이 원주로 이주하게 되어 사택에서 지낸 지 6개월이 넘었다. 사택에서 일터로 가는 길은 짧은 길이 걸어서 30분, 길게는 한정이 없다. 내가 걷고 싶은 만큼 다양하게 연장할 수 있다. 어떤 길을 걷게 되면 시간을 벌어주고 어떤 길을 걷게 되면 자연을 보며 운동을 하게 되어 건강을 벌어준다. 어떤 길로 가든 목적지가 일터면 되는 셈인데 어떤 길을 걷느냐에 따라 얻어지는 것이 달라지는 셈이다.

한여름 비가 많이 온 날에는 평소 보이지 않던 물길이 보인다. 도보 위로도 물들이 줄지어 흘러간다. 재잘대며, 졸졸거리며, 수다를 떨며 물이 자신의 길을 따라 흘러간다. 바람이 많이 부는 날이면 수풀 위로 바람의 길이 보인다. 바람결을 따라 길이 열린다. 바다에도

비가 온 후 길 옆 풀밭 사이로도 물길이 생겼다.

대양에 흐르는 해류의 길이 있어 멕시코만에서 북유럽까지 해수의 길이 나 있다고 한다. 그러고 보니 수많은 길들이 있는 셈이다. 코로나로 인해 비행기의 길들이 줄줄이 막혔다는데, 평소 같으면 하늘에 있는 수많은 길을 따라 비행기들이 오르고 내리고 하였을 터인데….

우리는 길을 걷는다. 태어나서부터 지금까지, 그리고 죽는 날까지 길을 걷게 될 것이다. 어디를 향하여 그토록 한정 없이 걷고 있는 것일까? 우리가 걷는 길의 끝에는 무엇이 기다리고 있을까? 우리는 길을 가며 무엇을 얻고 있을까? 모르겠거든 길을 물어보자. "이 길이 어디로 가는 길이냐?"고.

07 살아가기

|

삼십여 년 전 전임의 시절이었던 것 같다. 만성 B형간염 상태에서 호흡기 질환이 발생한 청년이 환자로 내게 다닌 적이 있었다. 지금은 B형간염을 억제하는 많은 항바이러스 제제들이 나와 있지만 당시만 해도 해줄 수 있는 것이 많지 않았던 시절이었다. 의학적으로 그에게 해줄 수 있는 것을 다하였지만, 그의 근본적인 문제는 해결해줄 수 없었다.

나이가 젊은 인생 후배이기에 애틋한 마음이 들어 그에게 하나님에 대해 말해주고 예수 그리스도를 구주로 영접하라고 말해주었다. 한남동 골목길을 걷다 쉬었다 하며 이야기해주었는데, 그 친구는 많은 이론과 지식으로 옳고 그름을 따져가며 하나님에 대하여 나와 논쟁을 하였다. 내 눈에는 시간문제이지 이 젊은 친구는 그 당시 별다른 치료방법이 없었던 것을 감안하였을 때, 머지않아 간경화로 진행될 수 있고, 이어서 간암이 발생하거나 그렇지 않더라도 간부전증에 빠져 남들보다 일찍 생애를 마감할 수 있는데, 그럼에도 그는 하나님과 논쟁 중이었다.

어떤 분이 인생은 살아가는 것이 아니라 죽어가고 있다고 말하였다. 마치 큰 나무가 태풍에 쓰러진 경우 당장은 살아있는 듯싶지만 시간이 지나며 말라비틀어져 훗날 흔적도 없이 사라져 버린다는 것이다. 이처럼 우리 인생도, 태어날 때 등잔에 가득 찬 기름을 갖고 태어나지만, 시간이 지나면서 서서히 그 기름을 쓰다가 다하게 되면 검은 그을음을 내며 꺼지는 호롱불과 마찬가지라는 것이다.

노원 을지병원 호흡기내과 과장으로 근무하던 중, 한 번은 오후 진료가 거의 끝나갈 무렵 40대 후반쯤 되었을 한 여성분이 외래로 오셨다. 눈망울이 초롱초롱하고 아담하신 분이셨다. 건강검진을 받았는데 큰 병원에 가보라고 해서 오셨다는 것이다.

그분이 가져온 흉부 방사선 촬영 사진을 관찰대에 걸어보고 깜짝 놀랐다. 좁쌀만 한 흰 음영이 전 폐야에 쫙 깔려 있었기 때문이다. 그리고 다시 환자분을 보고 두 번째 놀랐다. 폐 사진과 대조적으로 너무나 멀쩡하셨기 때문이다.

방사선 소견만 보면 일단 머릿속에 떠오르는 것은 속립성 결핵이었고, 두 번째로는 암이 혈액을 타고 폐에 전이가 된 것이었는데, 전자라면 환자가 이렇게 멀쩡할 수 없으니 불안한 마음이 들어 당장 입원하시라 하고 금식한 상태로 오셨기 때문에 그날 오후 곧바로 조직검사를 시행하였다. 추가적인 검사를 다한 후 최종 결론은 원발병소 미상의 혈행성 전이성 폐암이었다.

남편 분과 먼저 상의를 드렸다. 충격을 받은 남편 분은 몇 가지 이야기를 해주었다. 자신의 아내는 또순이처럼 살아왔고 당시 여교사로서 동년배 다른 교사들 다 제치고 교무주임을 할 정도로 학교 일에 열정을 갖고 억척스럽게 살아온 사람인데, 눈이 커서 그런지 겁이 많아 이 병에 대해 당장 본인에게 말해주기 어려울 것 같다고 이야기하였다.

그 부부는 딸이 둘이었던 것으로 기억한다. 가족들과 상의 후 일단은 환자에게 당분간 정확한 병명은 말해주지 않기로 하였는데, 결국에는 항암제를 쓰기 때문에 자연스럽게 알게 될 거라고 말씀드렸다. 암 종양 전문의에게 환자를 보내드려야 했고, 나로서는 더 이상 해드릴 것이 없었는데, 보내드리기 전에 이렇게 권했다.

"주 예수님을 당신의 구원의 주님으로 받아들여 보세요. 이렇게 말해보세요. '주 예수님, 당신을 저의 구원의 주로 받아들입니다.'라고요."

그리고 어떤 상황에서나 주 예수님의 이름을 많이 부르시라고 권하였다.

왜냐하면 사람이 마음으로 믿어 의에 이르고, 입으로 시인하여 구원에 이르기 때문입니다... 한 분 예수님께서 모든 사람의 주님이 되시고, 그분을 부르는 모든 사람들에게 부요하시기 때문입니다. (로마서 10:10~12)

그 여교사는 주 예수님을 자신의 구주로 받아들이셨고, 주님의 이름을 부르셨다. 이후 종양내과로 전과되었고 한두 달이 지났다. 암 종양 교수인 K교수가 찾아와서 가장 가능성 있는 원발 부위 암에 맞추어 항암제 치료를 꾸준히 하였으나 반응이 없고, 점차 악화되어 자신이 더 이상 해줄 수 있는 것이 없는 데다, 환자분은 호흡곤란이 점차 심해지고 있어서 상의하러 오신 것이었다.

그래서 다시 내가 환자분을 맡기로 하였다. 폐의 상태를 보니 하얀 음영이 더 짙어져 정상적인 부분이 얼마 남아있지 않았다. 할 수 있는 것은 산소를 공급해주며 오전 오후 회진 가서 환자분을 격려해주고 두 손을 꼭 잡아주는 것밖에는 없었다. 거의 운명하실 때가 가까웠을 무렵 회진을 갔는데 두 딸이 울고 있었다. 그런데 그분이 "엄마는 괜찮아, 엄마는 하나님과 함께 있어서 편안해. 염려하지 마."라고 말씀하시면서 오히려 딸아이들을 위로하시는 장면을 목격했다.

훗날 교육계에 계신 분의 말씀을 들어보니 병문안 왔던 동료 교사들이 처음에는 '무슨 말로 위로하나, 이 겁쟁이 선생님을.' 하고 걱정하며 왔다가 다들 평안한 가운데 있는 이 환자분을 보고 놀랐을 뿐 아니라 오히려 위로를 받고 돌아갔다는 것이다. 이것이 그 지역의 교육계에는 놀라운 일로 여겨져 회자되었다고 한다.

우리 인생의 여정이 어디서 어떻게 끝날지, 태어날 때 자신의 의지로 온 것이 아니듯이, 끝도 우리에게 달려 있지 않다. 우리가 할 수 있는 것은 우릴 지으신 창조주께 자신을 의탁하고 이 귀한 생명을 한 방울 남을 때까지 진실하게, 진지하게, 그리고 의미 있게 사는 것이다. 이 인생의 오솔길을 함께 걸어갈 동반자들이 우리 주위에 있다면 더할 나위 없이 좋은 것이고…….

02

나란 존재

08 평판
딸들에게 보내는 메시지

|

우리는 살면서 누군가로부터 평가를 받게 된다. 아내에겐 남편에 대한 평가가 있고, 남편에겐 아내에 대한 평가가 있다. 그러므로 잘 살게 되면 부부가 사랑을 넘어서 서로를 존경하게 될 수도 있다. 평점 카드가 따로 있는 것은 아니다. 어디에 기록해두고 연말에 성과급 주듯이 하는 것도 아니다. 사람이 저마다 주관적이듯 가지각색으로 우리를 평가할 것이다. 그런데 빗방울이 모여 작은 시내를 이루고 시내가 강으로 흘러 큰 흐름을 만들듯, 내 주위에 있는 사람들이 나에 대해 내리는 평가들이 모여 시간이 지나면 하나의 평판이 된다.

한 번은 우연히 필리핀에서 은퇴 이후의 삶을 사는 한 부부의 이야기를 실제로 취재한 내용을 방송에서 본 적이 있다. 내용 중에는 전원주택 같은 집에 살며 텃밭에서 남편이 가꾼 온갖 채소로 먹거리도 자급하고 사는 모습도 취재했는데, 부부가 식사하는 장면이 들어 있었다.
"우리가 재배한 배추로 김치 담가 먹으니 더 맛있다, 그렇지?"
남편의 물음에 아내의 대답은 영 딴판이었다.
"닥치고 먹기나 해. 자꾸 뭐라 하면 밥 안 차려 줘."
오래 된 기억을 되살려 적은 글이니 정확한 표현은 아니겠지만,

대략의 맥락은 이와 같은 뜻이었다. 남편이 맛이 없네, 어쩌네 하며 투정하였다면 그러려니 할 답이었지만, 남편이 맛있다고 칭찬하는 말에 대한 반응으로는 놀라운 대답이었기에 순간 황당하다고 느꼈다. 곰곰이 생각해 보니 젊은 날 그 남편 되시는 분이 아내에게 좋은 평판을 얻지 못하셨구나 하고 추측하는 것으로 나름 정리하였다.

H는 뛰어난 사람이다. 삼국지의 제갈공명까지는 모르겠지만 적어도 방통(봉추)의 반열엔 있는 듯하다. 다른 사람들이 생각하지 못하는 관점을 자주 제시하곤 하여 직원들이 업무에 도움을 많이 받았었다. 뛰어난 식견으로 업무에 대해 잘잘못을 날카롭게 지적해주곤 했다. 그런데 한동안 그와 같이 일하면서 그에게도 상처들이 많다는 것을 발견하였다.

과거 어떤 일을 수행하고자 했을 때, 회사가 말로는 무슨 일을 벌일 것 같이 했지만, 막상 일이 진행되고 보면 그에게 모든 짐이 돌아가고 회사는 한 발 뒤로 빠져 있었던 경험들이 그에겐 상처들로 남아 있었다. 새로운 CEO가 오고, 새로운 간부진으로 바뀌었지만, 그런 패턴은 바뀌지 않았고 여러 번 반복하여 그런 경험을 하다 보니, 그에겐 그 모든 경험들이 고통스러운 마음의 기억으로 남아 있었다.

최근에 그를 만난 사람들은 무슨 새로운 사안을 갖고 상의를 해도, 많은 불만과 불평을 이야기하고 사안마다 부정적인 언사가 돌아온다고 내게 토로하곤 한다. 그를 볼 때 마음이 아프다. 아직 젊은 나이인데 그 마음은 노인이 되었다. 그 마음의 상처들은 목재를 자연스럽게 보이게 하는 옹이들이 아니라 목수가 재단하기 어려운 상흔들이 되었다. 스스로 옳고 그름을 판단할 수 있는 재판장 자리에 앉아 있으나, 무엇을 해보라고 하면 하나도 하려는 것이 없다. 아까운 인재가 이렇게 묻혀가고 마는 것일까? 이제 그에 대한 좋은 평판을 듣기가 점점 힘들어지고 있다. 그가 젊은 날의 열정을 되찾길 소망할 뿐이다.

진짜 실력은 광고를 통해 알려지는 게 아니라 입소문을 타고 퍼진다. 회사 직원의 고과평가 점수가 사람들 사이에 두루 퍼져 있는 평판과 항상 일치하는 것은 아니다. 시간이 지나면 고과평점 점수보다 평판이 직장 내에서 직원의 운명을 결정하기도 한다. 일시적으론 기록이 우세하겠지만, 눈에 보이는 기록으로만 잘한다고 해서 그 사람이 참되게 잘하는 것은 아니라는 말이다.

좋은 평판을 받으려면 어떻게 해야 할까?
무엇보다도 실력이 있어야 한다. 그 분야에 대해 많이 알아보고 파악하여 많은 정보와 지식을 얻어야 한다. 그런데 이것들은 소재일 뿐이다. 이것 자체가 참된 실력은 아니다. 이를 토대로 한 지혜가 있어야 한다. 사물을 제대로 보는 관점을 가져야 한다는 말이다.
두 곳의 정부 산하 연구원에서 각각 수석 연구원과 선임 연구위원으로 재직할 당시, 후배 연구자들에게 항상 "관점이 없이 하는 연구는 연구가 아니다. 그것은 영혼이 없는 사람과 같다."라고 강조하며 관점을 가지라고 요청하곤 하였다. 관점은 지혜가 있어야 가질 수 있게 마련이다.

여호와를 경외함이 지혜와 지식의 시작이건만 어리석은 이들은 지혜와 교훈을 멸시한다. (잠언 1:7)

실력이 필수적인 조건이고 다음은 진실함이다. 내가 해야 할 일을 왜 해야 하는지, 사회적인 의미가 무엇인지, 내 일을 잘함으로써 누가 어떤 혜택을 받게 되는지 고려해보면 내 일에 대한 사명감을 스스로 가질 수 있고, 나의 일은 더욱 의미를 갖게 되고, 사안마다 진지하게 대할 수 있게 된다.

내가 하는 업무의 특성상 많은 직원들이 내게 전문가적 의견을 묻곤 한다. 그때 나는 몇 줄의 말로 내 의견을 써주기만 하면 끝이다. 그러나 나는 상대가 성의 없이 물어 와도 격조 있게 답하려고 스스로 힘쓰고 있다. A4용지로 서너 페이지 되게, 답하려는 사안에 대해 문헌적 근거를 인용한 다음 최종적으로 내 의견을 달고 인을 쳐서 pdf 파일로 보내주곤 한다.

그 다음 순서는 도움을 요청하는 사람들에게 항상 긍정적으로 대하라는 말을 하고 싶다. 내가 정녕 할 수 없거나, 내 분야가 아닌 경우를 제외하고는 당장 잘 모르는 경우라면 찾아서라도 도와주어야 한다. 그렇다고 이렇게 응하는 것이 내 고과평점에 어떤 점수를 더할지 고려해본 적은 없다.

"보이는 평점을 기대하고 일하지 말라. 아무리 작은 사람이라도 그 사람 마음에 내가 어떻게 기억될지를 먼저 고려하라."

젊은이들에게 기회 있을 때마다 이렇게 위엄을 지닌 겸손함(Be humble with dignity.)을 권면한다. 우리는 겸손해지길 훈련해야 한다. 그러나 위엄과 자존감 없는 겸손은 자칫 비굴함이 될 수 있다. 또한 겸손함을 잃은 위엄은 거만으로 빠질 수 있다. 따라서 겸손과 위엄이 균형을 맞출 때 아름다움이 된다. 이런 사람은 그 빛을 감출 길이 없다.

그러므로 무엇이든지, 여러분을 위하여 해 주기를 바라는 대

로, 여러분도 그들에게 그렇게 해 주십시오. 이것이 율법이며 신언서입니다. (마태복음 7:12)

　마지막으로 좋은 평판을 얻으려면 상대를 존중하라고 강조하고 싶다. 우리가 어떻게 사람들에게 평가받기 원하면 먼저 우리가 그렇게 상대를 대해야 한다. 자신이 존중받기를 바라면서 다른 사람을 우습게 여기고 깔본다면 그들도 여러분을 그렇게 대할 것이다. 여러분의 위치로 인해 당장은 그렇게 하지 못할지라도 결국은 그렇게 될 것이다.

09　　　　**단골**

|
　은퇴할 나이에 가까워지면서, 이것은 다른 말로 자녀들의 교육을 다 마쳤다는 이야기이고, 또 다른 말로는 함께 산책하거나 근교를 돌아다닐 여유가 생겼다는 말인데, 때 맞추어 아내와 나에게 한두 곳씩 단골집들이 더해져 가고 있다.
　단골집 1호는 광릉수목원에 있는 '숲속 카페'이고, 2호는 포천 소흘읍 '뜨락'이란 떡갈비집이다. 3호는 가평 잣향기푸른숲에 갔다 오는 길에 늘 들르는 '고향순두부' 집이다. 최근에는 물의 정원을 걷다 길 끝에서 만난 '장칼국수' 집도 더해졌다.

　자주 들르지 않으면 당연히 단골이 될 수 없지만, 자주 들른

광릉수목원 육림호 옆 카페,
비가 오거나 눈이 올 때일수록 운치를 더한다.

다고 다 단골이 되는 것도 아니다. 스타벅스가 호주에서는 자리를 잡지 못하였다는데, 호주의 역사 깊은 커피 취향이나 바리스타들의 실력과 고객들의 문화적 관계라고 분석하는 사람들이 많다. 커피를 내주는 사람과 커피 마시는 사람들 간에 이루어지는 교감과 대화의 문화를 스타벅스라는 브랜드 이름만으로는 대체할 수 없었다는 뜻인데, 다른 표현으로 하면 단골을 만들기에 결함이 있었다는 것으로 해석할 수도 있다. 아무리 같은 곳을 매일 들른다 해도 그곳 주인장과의 교감이 없다면 단골이라 하기는 힘들지 않을까?

광릉수목원은 집에서 차로 40분 거리이므로 토요일마다 예약하고 아침 개장 때부터 가서 숲속을 걷다가 근처에서 점심식사를 한 다음 귀가하곤 한다. 그러면 하루가 아직도 여유시간이 남아있고, 무언가를 더 할 수 있는 여지가 있어 좋다. 때론 비가 오거나 눈이 오면 더 운치가 있다. 숲속 육림호 근처에 자리 잡은 카페에 들러 향기로운 카푸치노 한 잔과 적외선 그릴로 맛있게 구워낸 군고구마 하나를 부부가 함께 먹으며 창밖에 보이는 호수와 나무들을 바라보자면 부호의 별장이 부럽지 않다.

카페 사장님은 이곳을 너무나 좋아한 나머지 계속 기회를 기다리다 카페 운영을 맡게 되셨다고 한다. 매일 근무하는 곳일 텐데 우리가 아침 일찍 갔을 때 근처를 걷다 보면 그 사장님이 주변을 감상하며 걷는 모습을 발견하곤 하니, 참으로 이 수목원을 좋아하시는 분인가 보다. 자주 들르게 되면서 대화도 나누고, 우리가 카페 문을 들어서면 반갑게 반겨주기도 하신다.

고구마는 가장 크고 맛있는 것을 골라 주시고 때론 과자나 군

_____ 카페의 외관과 내부 모습. 눈오는 날이면 어느 산장에 온 듯하다.

달걀도 슬쩍 건네주곤 하신다. 우리도 싸간 간식거리를 드셔보시라고 건네며 자연스럽게 답하게 된다. 단골이 되면 떡 하나라도 더 얻어먹게 되니, 이차적 이득도 따라온다. 이 이차적 이득은 다분히 사람과 사람 사이에 오가는 인간적 교감에 따른 것이니 비난받을 일은 아니리라.

수목원에서 나온 다음 점심식사를 하러 흔히 들르는 곳은 '뜨락'이라는 떡갈비 집이다. 2년 전쯤 문을 연 정갈한 한식 음식점인데 맛도 좋고 지인들끼리 방에 앉아 창밖의 자연 풍경을 보며 담소를 나눌 수 있는 방들도 많아 자주 찾아가곤 한다. 깨끗한 데다 주인장도 친절하고 가끔은 주인집 아이에게도 인사를 건넨다. 젊은 분인데 서로 반갑게 인사하며 안부도 묻곤 한다. 얼마 전엔 식사 후 그 음식점 앞 뜨락에 앉아 잠시 쉬는데 젊은이가 운전하는 차가 음식점 앞 소화전을 차로 치고 도망쳐 버려 물난리가 났다. 주인장에게 신속히 조치하라고 말하였는데, 도망간 뺑소니 차주는 염두에 없이 소방서에 문의하며 발만 동동 굴렸다. 참 착한 사람들이다.

잣향기푸른숲 근처 '고향순두부' 집은 주인장께서 야구선수이셨다고 한다. 잘 차려 놓은 집은 아니지만 인공 조미료나 간장을 사용하지 않고 버섯과 같은 천연 재료들로만 간을 내며 두부도 직접 만들어내신다. 음식을 주문할 때마다 매번 그 인수만큼 새롭게 밥을 하시는데, 밥을 한 다음에도 주걱으로 뒤적거리지 않고 그대로 내주신다. 그렇게 해야 밥맛이 산다는 주방장 아주머니의 말씀이시다. 밥은 반찬이 없어도 먹을 만큼 맛있고, 두부

'고향순두부' 집, 직접 짠 들기름을 사용하고
버섯 등 천연재료로 맛을 내 담백한 맛이 자랑거리다.

전골도 담백한 데다, 듬뿍 들어간 잣 탓인지 고소하여 식사 후에도 전혀 속이 거북하지 않다. 수개월 전 "누룽지는 없냐?"고 물었던 것도 기억해주시는 주방장 아주머니의 총명함에 발걸음이 한 번이라도 더 가게 된다.

더러운 말이나 어리석은 말이나 상스러운 농담은 합당하지 않으니, 오히려 감사하는 말을 하십시오. (에베소서 5:4)

이야기를 하다 보니 '먹방'처럼 되었는데, 음식점 소개하려는 의도로 쓰는 글이 아니라 사람 사는 데 오가는 깊고 살가운 정, 매우 절친하지는 않더라도 스치는 듯 만날 관계일망정, 서로 인사하고 따뜻하게 말 한 마디 건네면 단골이 되고 한동안 가지 않으면 주인장께서 궁금해 하고 손님은 미안해지는 이런 관계 맺음이 우리 삶에 살짝 활력을 더해준다는 것을 말하고 싶은 것이다. 내가 주인장에게 먼저 말을 건네면 처음에는 나더러 나이가 들더니 너스레를 떤다고 핀잔을 주던 아내도 단골집이 생기며 오가는 잔정에 맛을 들여 이제는 나보다 더 잘 소통하곤 한다.

이번 주말 자주 다니던 식당에 가게 되거든, 음식이 늦다고, 반찬이 이 모양이냐고 투덜대는 대신, 참 맛있어서 자주 오게 된다고 주인장에게 칭찬 한 마디 해보시라. 가는 감사의 말 한 마디에 오는 미소들이 더해지는 사랑의 비빔밥이 우리 식탁에 올라와 하루 내내 기분이 좋을 것이다.

여러분이 여러분을 사랑하는 사람들을 사랑한다면, 무슨 보상이 있겠습니까? 세리(당시 로마정부의 세금 징수하는 사람)들도 이같이 하지 않겠습니까? 또 여러분이 여러분의 형제들에게만 인사한다면, 여러분이 행하는 것이 무엇이 더 낫습니까? 이방인(믿지 않는 사람들)들도 이같이 하지 않습니까? (마태복음 5:46~47)

10 그날

|

청소년 시절, 생활이 넉넉지 않았던 고로 가정에 먹구름이 끼곤 하였는데, 그럴 때면 자녀들인 우리는 아무 말도 하지 못하고 방안에 숨죽이고 있어야 했다. 그러던 어느 날 혼자 그림을 그리며 이 생각 저 생각 하던 차에 누군가 절대적인 존재가 있을 것 같다는 막연한 생각이 들었다. 그리고 그 절대자는 그렇게 무섭거나 권위적인 존재가 아니라 친근한 분일 것 같다는 생각도 들었다.

그래서 그림을 그려 보면서, "친구야, 넌 누구니? 석가모니이니? 하나님이니? 예수님이니?" 이렇게 적었던 기억이 난다. 당시 성경이라곤 겨우 두세 구절 알던, 기독교와는 관계없었던 나로서는 혼자 그런 생각을 했던 것이다.

고등학교 시절엔 교련이 있는 경우 가장 등교하기 싫은 날이었는데, 어느 날 등교하면서 그 미지의 막연한 절대자 같은 친근한 친구에게 혼잣말로 말했다.

"친구야, 오늘 교련이 들어 있는 날인데, 난 교련이 싫어."

이런 정도의 말을 했는데 학교에 도착하니 비가 내리기 시작했고, 기묘하게도 그날 교련 훈련이 취소되어 실내 수업으로 대체되었다. 40여 년이 지난 지금도 기억이 나는 것을 보면 무언가 뇌리에 남아 있을 만큼 인상을 받은 것 같은데, 그렇다고 당시 이 일에 대해 큰 의미를 두진 않았다.

의예과 2학년 여름, 고등학교 동창이었던 L이 만나자고 하여 덕수궁 앞에서 만났다. L은 문과였고 나는 이과였는데 학보사 기자로 같이 활동한 적이 있었다. 당시 덕수궁 앞에 있던, 스테인리스로 된 아치형 지지대에 기대서 L이 하는 이야기를 듣고 있었는데 하나님에 대한 이야기였다. 내가 웃으면서 그 이야기를 들었던지, L은 하나님 이야기를 하는데 웃으면서 들은 사람은 내가 처음이라며 자기가 다니는 예배당의 대학부에 오라고 하였다.

당시 서소문에 있는 평안교회라는 곳이었다. 그곳에 갔다가 여름 수련회까지 참가하게 되었는데, 30~40명 넘게 대학부에 모이던 그들에게 무언가 밝은 분위기를 느꼈다. 당시 중학교 시절부터 친했던 친구들을 만나면 서로 가장 기쁜 표정들을 지었을 텐데, 지금까지 내가 친하게 지내오던 친구들과는 또 무언가 다른 빛 같은 환한 느낌을 받았다.

너는 청년의 때 곧 곤고한 날이 이르기 전, 아무 낙이 없다고 할 해가 가깝기 전에 너의 창조자를 기억하라. (전도서 12:1)

수련회 마지막 날 촛불을 켜놓고 잠잠한 가운데 "예수님을 믿겠느냐?"고 내게 질문을 하였다. "믿는 것이 무엇이냐?"고 물으니, "내 안에 예수님을 받아들이는 것"이라고 대답해 주었다. 당시 수련회 기간 동안 성경과 하나님에 대해 많은 말들을 하였을 텐데 어떤 것도 그때까지 내 머릿속에 남은 것은 없었다. 다만 '이런 사람들이 믿는 예수라면 나도 믿어도 될 것 같다.'는 생각이 들었다. 그래서 다른 것들은 더 고려하지 않고 그렇게 하겠다고 답하였다. 그런데 그날 이후 온 세상이 아름다워 보이기 시작했다.

하늘도 아름답고 땅도 아름답고…내 존재가 신선하게 느껴졌고, 무언가 내 눈에서는 힘이 나오는 듯하였다. 심지어 오랜만에 나를 보신 숙부님 중 한 분은 나의 부친께 내가 무언가 달라졌다는 이야기까지 하셨다. 이런 변화가 분명히 있었지만 이것이 무엇인지는 미처 깨닫지 못하였다.

그런 변화가 있었지만 여전히 믿음이 없었고 하나님을 알지 못하였다. 그러던 어느 저녁, 스터디그룹에서 밤늦게까지 공부하고 귀가하는데, 적막한 밤길이었다. 속으로 의문이 떠올랐다.
"하나님이 계시는가?"
이런 의문이 떠오르자마자 갑자기 개가 크게 짖어댔다. 뭐 그러려니 했고 개도 조용해져서 계속 걷다가 다시 똑같은 질문이 머릿속에 떠올랐다.
"하나님이 계시는가?"
그러자 또 즉시 개가 짖기 시작하였다. 이번엔 좀 느낌이 있었다. 이내 조용해지고 적막한 밤길로 돌아왔다. 세 번째로 또 그 의

수련회를 마치고 돌아온 날 찍었던 사진

문이 떠올랐다. 신기하게도 이 의문이 생각 속에 떠오르자마자 즉시 또 개가 크게 짖는 것이 아닌가!

이번에는 너무 무섭고 엄중한 느낌이 들었다. 더 이상 이런 의문을 머릿속에 떠올릴 수 없어 집을 향해 뛰다시피 황급하게 발길을 재촉하였다.

주일이 다가오고 있었는데 L로부터 연락이 왔다. 자기들의 주일 예배에 참석하라는 권면이었다. 상황을 봐서 가겠노라 답하고 집에서 카드를 잘 섞은 다음 7번째 뒤집힌 카드에서 스페이드 에이스가 나오면 가겠다고 속으로 마음먹었다. 말하자면 가기가 썩 내키지 않는다는 뜻이었다. 52장으로 구성된 카드를 섞어 놓고 순서대로 뒤집어 7번째 스페이드 에이스가 나올 확률은 매우 희박할 것이므로.

그런데 7번째 카드를 뒤집는 순간, 지난번 세 번째 의문을 가졌을 때 같은 엄중한 두려움이랄까 경외감이랄까, 더 이상 이런 식의 행동을 하면 안 되겠다는 느낌이 들었는데, 스페이드 에이스가 나왔던 것이다.

나중에야 성경에 *"그대의 하나님이신 주님을 시험하지 마십시오."* 라는 구절이 있는 것을 알게 되었다. 이러한 일련의 과정을 통해 그 이후 나는 하나님께서 계심을 더 이상 물을 수 없었다. 그분은 당신과 내가 이렇게 얼굴을 맞대고 이야기하며 서로의 실존을 느끼는 것 이상으로 살아계신 하나님이시라는 것을 깨달았기 때문이었다.

11 내 눈 안의 상수도

|
의예과 2학년 2학기로 기억된다. 조직학 시간이었다. 인체의 해부학적 구조를 육안으로 보이는 수준에 대한 연구는 해부학이고, 현미경적 수준에서 탐구하는 것은 조직학이다. 조직학에서는 물리적 구조뿐 아니라 생리학적 기능도 동시에 공부하게 되는데 우리 몸의 구조를 들여다볼수록 신기하였다. 우리 안구의 구조를 보면 참으로 놀라운데, 여러분의 눈 안에 상하수도 시설이 있다고 한다면 믿겠는가?

이탈리아 로마를 방문할 기회가 있었는데 짬을 내어 폼페이에 다녀온 적이 있었다. 지금 같으면 차를 빌려 구글 맵을 내비게이션 삼아 우리끼리 다녀올 수 있겠지만 당시만 해도 익숙지 않은, 더구나 영어가 통할지도 모르는 나라여서 비용이 들더라도 가이드 투어를 하기로 하였다. 여럿이 갔으므로 각자가 지불할 부담은 그다지 크진 않았다.

가이드는 성악을 공부하러 이탈리아에 왔다가 가이드 업을 하고 있는 분이었는데, 나중에 알고 보니 이런 분들이 꽤 많아 어떤 분은 음악을 공부하러 왔다가 셰프가 되어 한국에서 이탈리아 레스토랑을 내기도 하였다고 한다. 그분이 운전하는 벤츠 승용차를 타고 갔는데, 사실 처음 타보는 벤츠였다. 유리창을 가리는 뒷좌석의 가림막을 올려 햇빛을 차단하는 장치가 있어서 당시엔 그것이 참 신기하였다. 지금 웬만한 국산차엔 옵션으로 달 수 있는 사양이지만, 당시만 해도 이런 장치를 국산차에서는 볼 수 없었을 때였다.

　오가며 해박한 지식으로 낮은 지대는 습기로 인해 전염병 등에 취약하기 때문에 이탈리아에는 산지에 도시가 세워졌다든지, 도로는 돌을 박아 만들어서 로마제국 때 닦아놓은 길을 아직까지 쓰고 있다는 등 이탈리아와 관련하여 여러 이야기를 듣다 보니 금세 폼페이에 도착하였다.

　폼페이는 서기 79년 8월에 베수비오 산의 화산 폭발로 인해 발생한 대량의 화산재와 유독 가스로 순식간에 멸망하였고, 온 도시가 화산재로 덮여버려서 1860년대 발굴이 본격적으로 시작되기까지 그 모습이 그대로 온전히 보존된 곳이라고 한다. 아직까지도 발굴이 완전히 끝나지 않았다고 하니, 매우 조심스럽고 진지하게 발굴하는 이탈리아 사람들의 노력에 경탄할 만했다.

　가이드의 말을 들으면서 가다 보니 너무나도 생생하게 보존된 유적지의 한 곳 한 곳에 대해 깊은 인상을 받게 되었다. 마차들이 지나다녀 양쪽으로 움푹 파인 도로의 모습, 말에게 물을 먹이는 곳에 있는 마부들이 손으로 짚어 반질반질하게 된 돌들, 당시의 수세식 화장실과 같은 곳을 보면서 로마제국의 문명의 발달에 감탄하지 않을 수 없었는데, 더욱 놀라운 사실은 큰 저수조와 납으로 만든 수도관이 연결된 상수도 시설이 있었다는 것이다. 이쯤 되니 이 도시가 한 순간에 화산재에 묻혀 멸망한 것과 같은 일이 내가 사는 현대문명시대에도 언제든지 일어날 수 있는 일이겠다는 현실적 위기감이 들기도 했다.

　그런데 로마시대 폼페이에 설치되었던 상수도 시설이 우리 몸에도 있다는 사실을 알고 있는가?

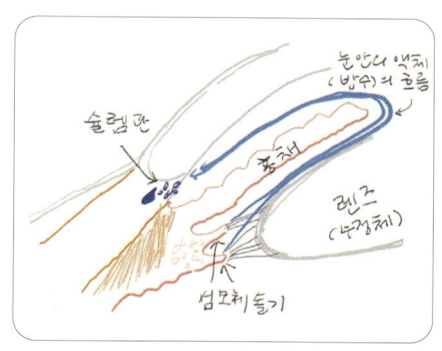

　손으로 그린 위의 그림을 보면, 섬모체에 우리 눈의 렌즈 즉 수정체를 붙들어주는 튀어나온 부위를 섬모체 돌기라고 하는데 바로 상수도인 셈이다. 이곳에서 투명한 액체가 흘러나와 홍채를 감싸고 흘러 각막과 섬모체 연접 부위의 슐렘관으로 유입되어 흘러 나간다. 그곳이 하수도인 셈이다. 조직학 공부를 통해 우리 안구에 상하수도 시설이 있다는 것과 이 흐름에 문제가 생기면 안압이 올라가서 녹내장이 생긴다는 것도 알게 되었다.

　청각기 중 내이(內耳)에는 달팽이관으로도 불리는 와우관이 있는데 소리를 감지하는 중요 핵심기관이다. 크기는 달팽이 모양의 원추를 폈을 때 3Cm 정도지만, 감긴 생태에서는 1Cm 정도밖에 되지 않는 작은 기관이다. 이 작은 원추형 기관에 두 개의 종축으로 막이 가로질러 세 개의 방을 만들고 하나의 막 아래에는 섬모가 달린 세포들이 줄지어 나열되어 있다. 이 세포 내부는 나트륨의 농도는 낮고 포타슘의 농도는 높다. 두 개의 막에 의해 세 부분의 공간이 생긴 곳에는 세포 외액의 액체로 채워져 있는데, 이곳에는 나트륨의 농도가 높고 포타슘의 농도는 낮다.

　이 관을 펴보면 긴 피아노 건반 같은 구조라고 생각하면 되는데,

음이 전달되면 이 막이 공조하는 부분이 각각 달라, 고음은 저부에서, 저음은 첨부에서 공명이 일어나게 되고, 진동이 전달된 막은 아래에 있는 섬모 세포에 물리적으로 자극을 전달하며, 이러한 자극은 섬모 세포 내부와 외부의 전해질 이동을 유발해 전기적인 자극으로 바뀌게 되어 청각 신경을 따라 뇌의 측두엽으로 전달된다.

내측 섬모 세포만 3,000여 개가 되고 외측에는 12,000개의 섬모 세포가 있다고 한다. 이 1센티미터도 안 되는 작은 기관이 거대한 오케스트라가 연주하는 음악을 감상하고, 미세한 차이를 분별하며, 음의 고저만이 아니라 크기, 음색 그리고 말하는 사람의 뉘앙스까지도 뇌의 판단력에 힘입어 알아내게 된다니 얼마나 놀라운가.

이런 내용들을 공부하면서 한 조가 되었던 동료에게 이렇게 말하였다.
"네가 나를 만들었다고 말해라. 그것이 아메바로부터 시작하여 숱한 돌연변이를 통해 우연과 우연을 거듭하여 합목적적으로 자연 발생학적으로 만들어진, 수많은 오묘한 기관들로 구성된 오늘의 내가 있다는 것을 믿는 것보다 더 지적 안식이 있겠다."

세상이 창조된 이래로, 하나님의 보이지 않는 것들, 곧 그분의 영원한 능력과 신성한 특성들은 만드신 것을 통하여 분명히 보게 되고 알게 되어 있습니다. 그러므로 사람들은 변명하지 못할 것입니다. (로마서 2:20)

12 임사 체험

동서고금을 막론하고 사망한 사람들이 다시 살아나서 사후세계에 대한 체험을 이야기한 경우는 드문 일이 아니다. 기원전 380년경 쓰인 플라톤의 『국가(Republic)』에 에르(Er)라는 군인이 전장에서 죽은 뒤 10여 일이 지나 부패되지 않은 상태로 시신이 회수되어 장례식을 치르려고 장작더미에 놓아두었는데 이틀 후에 살아나서 그가 사후에 본 일을 이야기한 것이 기술되어 있다고 한다(1, 2).

1505년 〈축복받은 이들의 승천(Ascent of the blessed)〉이란 그림을 그린 네덜란드 화가 히에로니무스 보스(Hieronymus Bosch)의 그림에서도 이러한 체험을 묘사하고 있을 만큼 오래전부터 임사 체험의 이야기들이 전해져 내려왔는데, 의학적으로는 1970년대 들어와 이러한 체험을 가진 사람들의 경험을 수집하여 학술지에 보고하기 시작하였다.

유명 여배우 샤론 스톤도 2001년에 이러한 체험을 한 것을 오프라 윈프리 쇼에서 말한 바 있다. 척추외과 의사인 Mary C. Neal 박사는 1999년 카약을 타다가 물살에 휩싸이며 사망하게 되었다가 살아난 체험을 TED에서 공유하기도 하였다.

1975년에는 레이먼드 무디(Raymond Moody) 박사에 의해 임사체험(near-death experience)이라는 정식 학술적 명칭이 도입되면서 의학계에서도 관심을 갖게 되었고, 이후 뇌 과학을 연구하는 학자들도 이에 대한 체계적인 연구에 돌입하였으며, 이제는 임사체험의 존재 자체에 대한 신뢰성 논쟁은 종결되었다(3).

간단히 말하면 이러한 현상은 의학적으로 분명히 존재한다는 것이다. 그 현상에 대한 해석이 분분할 뿐이다. 몇 가지 의학 학술지에 보고된 바에 따르면 심 정지 후 회복된 사람의 6~23% 정도가 이러한 경험을 했다고 하니 어림잡아 죽었다 살아난 사람 다섯 명 중 1명은 이러한 체험을 할 가능성이 있어보인다. 물론 죽었다 살아난 사람이 흔한 것은 아니니 내 주변에서 이런 체험을 직접 말해준 사람은 아직 없다.

인식에 대한 과학적 연구를 하는 사람들에 따르면 이러한 임사체험에서의 상태는 각성(wakefullness)이 없고, 외부 자극에 반응하지 않는, 즉 접속이 끊긴(disconnected) 상태에서의 내적 자각(internal awareness) 상태로 여겨진다.

이와 유사한 이질적인 체험들을 한 사람이 많았으므로 버지니아 의과대학의 정신과 교수 부르스 그레이슨(Bruce Greyson) 박사는 임사체험을 정의하고자 임사체험 척도를 만들어, 16가지 문항에 2점씩 배정하여 총 32점 만점에 7점이 넘는 경우를 임사체험으로 하자고 제안하였다(4).

전형적인 임사체험에는 다음과 같은 내용들이 포함된다고 한다. 육체적인 몸으로부터 분리되는 유체이탈 현상(out-of-body experience: OBE), 평온하거나 기쁨에 찬 느낌, 갑자기 시간이나 생각이 빨라지고, 모든 것을 이해할 수 있다는 느낌, 우주와 조화되거나 하나라는 느낌, 터널을 지나는 느낌, 밝은 빛을 보거나 그 빛에 둘러싸이고, 고인이 된 친척들을 만난다든지, 자신의 과거 일생의 장면을 보게 되고, 일종의 경계 즉 돌아올 수 없는 한계까지 갔다가 의식이 몸으로 돌아오는 일련의 체험들이다(4, 5).

과학자들의 연구로 유체이탈 현상, 즉 죽은 몸에서 나와 생명이 없는 자신의 신체를 위에서 바라보는 현상은 환상이 아닌 정확하고 옳고 진실한 지각이라는 것을 밝혀냈다. 환상은 있지 않은 것이나 틀린 것을 보는 것이지만, 그들이 본 것은 객관적인 사실로 증명되었기 때문이다. 자신의 일생을 파노라마처럼 보게 되는 것에 있어서는 자신의 관점만이 아닌 관련된 다른 사람들의 관점에서도 보게 되었다고 종종 진술하였는데, 심폐소생술이 몇 분밖에 걸리지 않았는데도 그들은 몇 시간 동안 자신이 본 내용을 말할 수 있는 경우도 있었다고 한다(5).

시간과 공간의 한계를 넘어선 지각을 시사해주는 체험들이 제시되곤 한다. 그러나 이러한 체험을 한 사람 중에서 경계를 넘어선 영역을 보고 온 사람의 증언은 없다. 여러 민족에게서 전수되어 내려오는 다양한 이야기에 등장하는 죽음의 강을 건너갔다가 돌아온 사람이 없다고 해야 할 것인지 모르겠지만, 죽은 이가 거하는 곳까지 갔다 온 사람은 아직 없는 듯하다.

그렇다면 성경은 어떻게 말하는가?

성경에서 사람이 죽는 것은 잠드는 것과 같다고 말한다. 사람의 육신은 흙에서 왔기 때문에 흙으로 돌아가지만, 그들의 영혼은 음부라고 불리는 구역으로 가게 된다고 말한다. 그런데 그곳에서 죽은 사람들이 어떤 말을 할지 궁금하지 않은가? 한 번 신약성경의 누가복음 16장을 펴서 19절부터 31절까지 읽어 보자.

부자가 말하였습니다. '그렇다면 조상님, 제발 나사로를 나의 아버지의 집에 보내 주십시오. 나에게 다섯 형제가 있는데, 나사로가 그들에게 엄숙히 증언하여, 그들만이라도 이 고통 받는 곳에 오지 않게 해 주십시오.' (누가복음 16:28)

누가복음 12장 16절부터 21절까지에 나오는 부자와 연결하여 이 구절들을 고려해 보면, 어떤 부자는 하나님에 대해 부유하지 못한 채, 날마다 즐기며 호화롭게 지냈다. 그가 죽자 육신은 땅에 묻혔으나 그의 영혼은 음부의 고통 받는 곳으로 가게 되었다. 여기서 음부라는 헬라어 단어는 ᾅδης(hades)라 불리는데, 세상을 떠난 영혼들이 거하는 곳으로, 하늘에 있는 곳이 아니라 땅 속 깊은 곳에 있다는 것을 알 수 있다(6).

이 음부라는 구역은 땅 속 깊은 곳에 있고, 믿고 죽은 사람이든 믿지 않고 죽은 사람이든 다 거기서 부활을 기다린다. 그런데 그 음부에는 두 구역이 있다. 즉 낙원(사람들이 파라다이스라 부르는)이라고 불리는 유쾌한 구역과 심히 고통 받는 구역이 있다. 남부러울 것 없이 부유하게, 그러나 하나님 없이 일생을 살았던 이 부자는 음부의 고통 받는 구역에 와서야 이생에 남아 있는 친척들에게 이러한 상황을 전해 주고 싶어 했다.

그러나 그에게는 그럴 방법이 없고 그럴 필요도 없다고 성경은 말한다. 왜냐하면 하나님 말씀을 전해주는 이들이 이미 다 말해주었기 때문이다. 다시 말해 이미 이생에 살고 있는 사람들에게는 그들의 삶을 어떻게 살아야 하는지에 대해 여러 방면으로 말해져 왔으므로, 죽은 후 어느 곳으로 갈지를 결정할 기회는 매일 우리 앞에 놓여 있는 셈이다.

여기서 내가 말하고자 하는 것은 우리에게 영혼이 있다는 것이고, 우리가 죽으면 마치 사람이 자동차에서 내리듯 우리의 영혼이 육신에서 나오게 되며, 육신이 죽는다 하여 우리 영혼이 존재하지 않는 것처럼 되지는 않는다는 사실이다. 다시 말해서 죽은 뒤에도 우리 영혼은 여전히 존재하며, 우리가 일생을 어떻게 살았느냐 하는 것이 죽은 후에 아무 의미가 없어져 버리는 것이 아니라 매우 중요한 것이며, 죽은 이들이 사후에 가는 곳에 잠시 머무를 뿐이라는 점이다.

참고문헌

1. Dossey L. Explore 2018; (14): 241
2. https://en.wikipedia.org/wiki/Myth_of_Er
3. Martial C 등. Trends in cognitive science; 2020: 24(3): 173
4. Greyson. The Journal of Nervous and Mental Disease. 1983; 171(6): 369
5. Van Lommel P. Annals of the New York Academy of Sciences. 2011; 1234: 19
6. 욥기 21:13, 마태복음 11:23, 창세기 37:35, 이사야 14:15, 사무엘상 28:13

13 어느 가을 숲길을 걷다

|

아내와 걷는 광릉수목원,
가을 색 짙다 못해 퇴색해가고

바람은 물 위에
물결을 내고
어깨를 툭 치며 지나가는 큰 나뭇잎,
다정히 말 거는 듯
무심히 지나가는 듯

아내의 머릿결엔 바람이 일고
바람도 결이 있어 바람결이 되고

숲길을 걷다
따끈한 국밥 한 그릇
아내와 함께 먹을 생각에
바람에 떠밀려 가듯
손잡고 걷는다.
광릉수목원

14   인간 존재의 본성

    청소년 시절에 아버님의 서재에 꽂혀 있던 책들을 읽곤 하였다. 교사생활을 하시고 교장으로 정년퇴임하신 아버님의 전공은 국문학이었으니, 젊은 시절에는 문학청년이셨으리라. 그런 이유 때문인지 우리 가족이 마루방이라고 불렀던 방의 사면은 책으로 둘러싸여 있었고 책장에는 많은 책이 꽂혀 있었다. 자연스럽게 나는 청소년기부터 많은 문학 서적들을 읽게 되었고 그 중에는 앙드레 지드의『좁은 문』과 같은 책도 있었다.

    당시 가장 이해하기 힘든 책이 이 책이었는데 지고지순(至高至順)한 사랑을 추구한 엘리사라는 여인과 제롬이란 청년, 그리고 밝고 발랄한 엘리사의 여동생 줄리에트가 어우러진 소설로 기억에 남아 있다. 어머니 뤼실 뷔콜랭의 부도덕한 행실의 영향으로 엘리사는 지고지순한 사랑을 추구하는데, 이것이 천국에 이르는 좁은 문으로 들어가는 길이라 여긴 것 같다.

    학창 시절부터 우리는 사람이 출생 시부터 악한가, 선한가 하는 사람의 존재의 본성을 두고 양대 이론이 있다는 것을 배웠다. 성선설(性善說)을 주장한 대표적인 동양 철학자는 맹자(孟子)이고, 이 주장이 사실과 다르다고 한 철학자 순자(筍子)는 성악설(性惡說)을 주장하였다. 철학적 개념뿐 아니라 선과 악을 따지는 것이 사람들에게는 일상적인 일이다. 정치적으로는 한 가지 사실을 놓고도 좌와 우가 대립하여 다르게 해석하며 자신의 관점이 옳다고 주장한다. 내 생각은 옳고 선한 것이며, 내 생각과 다른 당신의 생각은 틀린 것이고 심지어 악하다고 주장한다. 이런 기조가 대립하는 형태를 띠기도 한다. 물론 그렇게 극단적으로 치닫는 것처럼 보이는 까닭은 그런 구도로 가져가야 자신의 이득을 극대화시킬 수 있는 사람들이 있기 때문이겠지만 말이다.

여호와 하나님은 그 땅에 보기 즐겁고 먹기 좋은 온갖 나무를 자라게 하셨고, 동산 한가운데 있는 생명나무와, 선과 악의 지식나무도 자라게 하셨다. …여호와 하나님께서 그 사람에게 명령하셨다. "동산에 있는 모든 나무의 열매는 마음대로 먹어도 된다. 그러나 선과 악의 지식의 나무의 열매는 먹어서는 안 된다. 그것을 먹는 날에는 반드시 죽을 것이다." (창세기 2:9, 13)

그런데 이 선과 악은 다른 두 근원이 아니라 하나의 근원으로 인류 안에 흘러들어온 것을 볼 수 있다. 선과 악이 하나의 나무에서 기원하였다는 것이다. 그리고 그것은 지식과 관련이 있다.

어느 날 바리새인들의 제자들과 헤롯 당원들이 예수께 왔다. 그리고 당시 로마의 황제 가이사(카이사르)에게 인두세를 바치는 것이 옳으냐, 옳지 않으냐고 물었다. 우리나라로 치면 과거 일제 치하에 일본 천황에게 세금을 내는 것이 옳으냐, 옳지 않으냐 하는 질문이었다. 가이사에게 세금을 내라고 한다면 유대 민족에게는 반민족적이란 판단을 받게 될 것이었고, 내지 말라고 한다면 당시 로마 치하에 있었기 때문에 반역죄가 될 것이었다. 내라고 말해야 하는가, 아니면 내지 말라고 말해야 하는가? 예수님은 막다른 골목에 몰리신 것 같다. 어떤 대답을 해도 공격을 받으시게 될 상황이었다.

『좁은 문』의 엘리사가 고민한 명제인 어머니처럼 부도덕한 육체적인 사랑이냐, 지고지순한 사랑이냐 하는 것이다. 오늘날 우리나라에 만연해 있는 명제인 분배냐 성장이냐, 그리고 2000년 전 예수께서 당면한 두 가지 선택사항인 로마에 세금을 내야 하는 것이냐, 아니냐 하는…이 모든 것이 두 가지 중 하나를 선택해야만 하는 사항인 것 같지만, 사실은 둘 다 한 근원에서 나왔다. 선과 악의 지식나무로부터 나온 것이다.

선은 악의 다른 쪽 극단이요, 악은 선의 또 다른 쪽 극단이며, 이 두 가지의 근원이 하나의 지식나무로부터 온 것이다. 하나님께서 먹지 말라고 하셨던, 먹으면 반드시 죽으리라고 하셨던 그 선과 악의 지식 나무와 대조되는 것은 무엇일까? 그것은 생명나무이다.

생명나무를 이해하려면 온 성경이 필요하다. 여기서는 간단하게만 언급하자. 생명나무는 영원한 생명이신 하나님께서 사람들이 먹고 누릴 수 있도록 오신 것을 의미한다. 멀리 하늘에만 계신 하나님이 아니라 사람이 다가가서 취하고 누리고 체험할 수 있는, 그러므로 하나님과 소통하고 친밀한 관계를 맺고 심지어 하나님과 하나가 될 수 있는 길로서 생명나무로 제시된 하나님인 것이다.

사람이 타락하게 된 것은 먹지 말라고 하신 하나님의 말씀을 저버린, 다시 말해 이 생명나무인 하나님을 저버리고, 선과 악의 지식나무를 취한 결과이다. 하나님의 말씀을 저버린 것은 하나님을 저버린 것이다. 인류의 타락은 이렇게 시작되었다. 생명이신 하나님을 떠난 것이 타락의 기원이다.

다시 말하면 선과 악의 지식나무와 대조를 이루는 것은 생명나무이며, 이는 하나님의 영원한 생명이고, 이 나무를 취한다면 하나님의 신성한 본성에 따른 표현인 사랑, 빛, 의로움, 인내, 자애와 같은 실재를 갖게 될 것이다.

옳으냐 그르냐, 선이냐 악이냐를 따지는 것은 결국 우리를 사망으로 이끌지만, 생명나무인 하나님께 나아가는 것은 우리에게 사랑, 인내, 배려, 의로움을 가져다 줄 것이다.

그러나 예수님께서 그들의 악한 의도를 아시고, "위선적인 사람들이여. 왜 나를 유혹하십니까? 인두세로 낼 돈을 나에게 보여 주십시오."라고 하시자. 그들이 데나리온 하나를 가져왔다. 예수님께서 그들에게 "이 형상과 새겨진 글이 누구의 것입니까?"라고 하시니. 그들이 "가이사의 것입니다."라고 하자. 예수님께서 말씀하셨다. "그러면 가이사의 것은 가이사에게, 하나님의 것은 하나님께 돌려 드리십시오." 그들이 듣고 매우 놀라며, 예수님을 떠나갔다. (마태복음 22:18~22)

선과 악을 따지는 사람들에게는 보이지 않는 길이 생명이신 주 예수께는 보이는 것이다. 특히 오늘날 선과 악을 따지며 서로 다투는 우리의 사랑스러운 형제자매들을 볼 때 마음이 참으로 불편하기만 하다. 사랑과 인애와 배려와 견딤과 의로움이 피어나는 우리나라 사회가 되길 소망한다.

글을 쓴 후: 사상과 어떤 주의를 붙잡고 주장하며 자신의 사상

과 이념과 다른 사람들을 미워하거나 정죄한다면 선과 악의 지식 나무에 붙들려 있는 것이다. 그러나 그러한 관념을 붙잡는 것보다 생명을 존중하고 상대를 사랑한다면 그 사람은 하나님에게서 멀리 있지 않은 것이다. 선과 악을 따지는 것은 선과 악의 지식의 나무에서 기인한 것이다.

03

생명의 노래

15 오해하셨습니다

　내 생각에 이 땅에서 가장 많이 오해받고 계시는 분이 하나님이 아닐까 싶다. 심지어 믿는 이들조차 왕왕 자신에게 일어난 일들에 대해 하나님의 뜻을 오해하여 소위 '냉담'의 시기를 갖기도 한다. 사람들이 가장 많이 오해하는 몇 가지 사안들을 살펴보자.

　첫째, 하나님이 계시다면 왜 사람들이 볼 수 없는가? 눈에 보이지 않으니 계시지 않는 것 아닌가?
　둘째, 하나님이 계시다면 왜 세상에서 이렇게 황당하고 고통스러운 일들이 일어난단 말인가?
　셋째, 하나님이 계시다면 어떻게 악한 사람이 잘 사는 일이 벌어질 수 있는가?
　넷째, 믿는 이에게 왜 고난이 오는가? 그것도 착한 사람에게 말이다.

　일단 이 정도가 흔하게 갖는 의문일 것이다. 한 가지 한 가지 들여다보도록 하자.

　첫 번째 오해는 "하나님은 왜 보이지 않으시는가? 내 눈에 보이면 믿을 텐데…."라고 말하는 것이다. 이것은 하나님이 어떠한 분인지 우리가 잘 모르기 때문에 그렇게 생각하는 것이다. 사람들이 '눈에 보이시면'이라고 말하는 대로 하나님께서 이 땅에 나타나신 적이 있으셨다. 성경에 따르면 출애굽기 19:16~24이다.

"백성이 나 여호와를 보려고 경계를 넘어오다가 그들 중 많은 사람이 멸망당하지 않게 하고…. 제사장들이나 백성들은 여호와에게 올라오지 못하게 하여, 나 여호와가 그들을 치지 않도록 해야 한다."

이 장면은 하나님께서 시내 산에서 이 땅에 나타나시는 장면에 대한 기록이다.

하나님께서는 의로우시고 거룩하신 분이시다. 죄 있는 사람들이 자신의 더럽혀짐에 대한 처리 없이 하나님께 나아간다면 그분의 의로우심과 거룩하심이 죄 있는 사람들을 견딜 수 없으시므로 사람들은 그들의 죄로 말미암아 죽게 된다. 만약 자신의 더러움과 죄악 됨을 처리 받지 않고 오늘날 하나님을 뵌다면 즉사하게 되는 것이다.

그러면 하나님께서 사람을 지으셨던 처음부터 이와 같았는가? 아니다. 처음 아담과 하와가 지어졌을 때 그들은 하나님과 대면하여 말하였고 그들은 하나님을 알았고 하나님께서는 그들을 아셨다. 그러나 아담과 하와가 죄를 범하였을 때 그들이 무서워 스스로 하나님으로부터 숨었다.

그러나 사람이 비록 타락했지만 그 이후에도 하나님께서 사람들과 말씀하시고 심지어 다투기까지 하셨다. 하지만 거듭 타락이 심해지면서, 죄악이 가득하고 육체가 되기까지 타락하였을 때 하나님께서 그분의 영을 거두어 가신 것이다. 그 이후 이 범죄 한 사람들이 구원받을 기회를 가질 때까지 하나님께서 긍휼 가운데 참고 기다리고 계신다. 로마서 1:28은 이렇게 말한다.

"또한 그들이 자기들의 모든 지식 가운데에 하나님 두기를 거절하므로, 하나님은 그들이 인정받지 못할 생각을 하여 합당하지 않은 그 짓들을 하도록 그들을 내버려 두셨습니다."

다시 말해 하나님께서는 우리가 돌이켜 죄들을 자백하고 하나님께서 예비하신 구원을 받을 때까지 우리를 내버려 두신 것이다. 그러므로 타락한 우리가 하나님을 뵈려면 과정과 절차가 필요하지 않겠는가? 더럽혀진 컵에 마실 생수를 부을 수 있겠는가?

기억해두자. 하나님께서 사람에게 나타나시지 않는 것이 아니라, 사람들이 하나님을 그 마음에 두길 싫어하여 하나님을 떠난 것이고, 하나님은 그들을 그대로 내버려 두신 것이다. 사람이 자신의 타락을 처리하지 않은 채 '하나님 나와 보세요.' 하는 것은 하나님께서 얼마나 거룩하시고 의로운 분이심을 알지 못하여 하는 말이고, 자신이 불타서 즉사하겠다는 말인 것이다.

두 번째 오해는 흔하게 사람들이 하는 말이다.
"하나님이 계시다면 왜 이런 어려운 일들이 발생하는가?"
거센 역대 급 태풍이 불어오고, 원전이 손상돼 바닷물이 오염되고, 코로나가 와서 집 밖에 나가지 못하게 되고, 전쟁이 일어나 사람이 사람을 해하고……온갖 평화를 깨뜨리는 일들이 발생하는데 '하나님이 도대체 계시긴 하신 것이냐?'라는 의구심이다.

이 문제를 다루기 전에 한 가지 궁금한 점이 있다. 정말 궁금한 것이다. 이 질문들은 주로 언제 하게 되는가? 천재지변이나 대형 인재가 발생하였을 때이다. 이런 재난이 오기 전, 사람들은 평소 하나님에 대해 인식하고 있었는지 궁금하다. 끊임없이 햇살이 비추고,

비가 내려 대지를 적시고, 온갖 생명들로부터 좋은 식재료를 얻을 때도 하나님을 관심하였는지 묻고 싶다. 평소 하나님에 대하여 관심이 없고, 심지어 어떤 이들은 그들의 마음에 하나님의 존재 자체를 두길 싫어하고, 진화론 같은 이론을 과학이라는 이름으로 받아들이며 그들의 사고 체계에서 하나님을 배척하였던 분이 왜 사람이 다룰 수 없는 대형 재난이 닥칠 때면 하늘을 원망하며 "하나님이 계시다면…."이라는 말을 하는 것인지 그것이 참으로 궁금하다.

평소 사상에 의하면 모든 것이 우연히 존재하고 자신도 미생물로부터 수많은 세월이 흐른 가운데 우연과 우연의 연속적으로 그것도 합목적적으로 기이하게도 발생하여 오늘의 내가 되었다고 생각하실 텐데, 그렇다면 이런 재난이 닥칠 때도 하나님이 계신지 안 계신지 의문은 생기지 않으실 것 같은데 말이다. 그런 분들에게는 모든 것이 우연이고 자연적으로 일어난 것일 테니까.

그러나 이런 분이라도 재난이 닥쳤을 때 "하나님이 계시다면…."이라는 질문을 던지시는 것에 대해 힐난하지 않겠다. 하나님을 알아갈 수 있는 계기가 될 수도 있으니 좋은 일이라 생각하며 답변을 드리도록 하겠다.

먼저 '하나님께서 이 땅을 이런 재난들로 사람이나 이 땅에 시련을 주시는 것이 불의한 일일까?'에 대해 생각해보자. 이런 질문에 대한 숙의를 위해 지구 역사에 있었던 한 사건을 끄집어내어 테이블 위에 올려보자. 이 문제를 살펴보기 위하여 노아 때의 홍수를 소환해 보겠다. 오늘날 사람의 눈으로 볼 때 어떤 재앙도 노아의 홍수와 같지 않았다. 노아의 홍수에 대한 역사적 고증은 성경뿐 아니라 여러 민족들에게 구전되어 온 이야기들을 통해서도 발견된다고 한다. 창조 이래로 노아의 홍수만 한 재앙을 겪어본 적이 없었으니 노아의 홍수가 이해된다면 다른 재난들은 이해하지 못할 이유가 없을 것이다.

인류의 첫 세대는 하나님의 말씀에 순종치 않음으로 타락하게 되었다. 그 다음 세대인 가인은 살인하고 거짓말을 함으로써 더욱 죄 가운데 있게 되었다. 거기에 그치지 않고 그 이후 더욱 타락하여 육체가 되었다. 이때의 상태를 성경은 다음과 같이 기술한다.

여호와께서 사람의 사악이 세상에 가득한 것과 그가 마음에 생각하는 것마다 계속해서 악하기만 한 것을 보시고, 땅에 사람을 만드신 것을 후회하시며 마음에서 슬퍼하셨다. 여호와께서 말씀하셨다. "내가 창조한 사람을 이 지면에서 쓸어버리겠다. 사람부터 짐승과 기어 다니는 것과 하늘의 새까지 쓸어버리겠다. 왜냐하면 내가 그것들을 만든 것이 후회스럽기 때문이다." (창세기 6:5~7)

하나님께서 오래 참으시지만 사람의 부패함이 심할 때, 물로 심판하신 것을 볼 수 있다. 대홍수를 보고 하나님의 존재에 대해 의구심을 갖기 전에 사람이 자신들의 상태를 먼저 돌이켜 보아야 한다. 홍수 이전 사람의 상태가 어떠했는지에 대한 자성이 앞서야 한다. 그리고 노아의 때 구원받은 노아와 그 온 가족들과 그와 함께한 온갖 동물들을 기억해 두어야 한다. 사람의 악함으로 심판이 임하지만 하나님 앞에 은혜를 입게 될 때, 피할 길도 주어지기 때문이다.

장차 온 땅은 하나님의 심판의 집행에 직면하게 될 것이다. 노아의 때는 물로 심판하셨지만 장차 올 심판 때에는 하늘과 땅은 불살라질 것이다. 그분의 심판을 부분적으로 앞당긴다고 해서 그분이 불의할 수는 없다. 그러나 그분은 사람들이 멸망당하지 않고 구원받을 기회를 주시기 위해 오래 참고 계신 것이다(베드로 후서 3:7~9).

셋째 오해는 "하나님이 계시다면 어떻게 악한 사람이 잘 사는 일이 벌어지는가?" 하는 것이다. 이 질문에 답하기 전에 역시 먼저 살펴볼 사안이 있다. '지금 우리가 살고 있는 현세가 모든 것인가?' 그리고 '현세는 완전한 세상인가?' 이 현세가 모든 것이고 여기서의 결과가 끝이고, 그 이후의 세계가 존재하지 않는다면 우린 필사적으로 이 시대에 잘잘못을 따지고, 악을 철저히 응징하고 선하게 산 사람들에게 보답이 돌아가도록 해야 할 것이다. 그런데 이전 '임사 체험' 글에서 언급한 것처럼 우리 인생은 이생에 종결되고 그 이후 아무 것도 없게 되는 것이 아니다.

어떻게 악한 사람이 잘 되는지에 대해 질문한 사람이 성경에도 나온다. 그는 이 문제로 인하여 심지어 크게 실족할 뻔하였다. 시편 73편에서 그는 악인들이 잘 되고, 거만한 이들이 부러워할 만한 상상에 이르고, 죽을 때도 편하게 죽으며, 역경도 겪지 않고, 재앙도 당하지 않고, 물질적으로 부하게 되는 것을 보고 이 사람도 몹시 괴로워하였던 것이다.

그런데 그가 하나님의 성소에 들어가서야 그들의 종말을 깨달아 알게 되었는데, 그 악인들이 파멸에 이르고, 순식간에 황폐케 되는 결말을 보게 된 것이다. 그러니 이런 일이 일어나는 것을 보고 너무 노여워하며 '하나님이 계시지 않은 게야.' 하고 오해하지 마시기 바란다. 실제로 악한 자가 이 현 세대에 잘 못될 경우 어떤 일이 벌어질지도 고려해보아야 할 일이다. 악한 자가 지지리도 못살게 된다면 그가 선한 사람들에게 어떻게 행할 것인지도 살펴보아야 한다. 이 불완전한 세상에서 죽을 때까지 이 지구를 같이 사용해야 하는데 말이다.

이 말은 우리가 선한 사람을 괴롭히지 못하도록 악한 일을 저지른 사람을 잘 살게 도와주자는 말이 아니다. 법적 체계 하에 불법을 행하는 자들은 마땅히 국가가 정한 법적 체계에 따라 징벌을 받아야 마땅하다. 여기서 말하는 악한 사람이란 도덕 상태를 말하는 것이고 본성이 좋지 못한 사람을 말하는 것이다.

이제 네 번째 오해에 대하여 살펴보기로 하자. "왜 믿는 이에게 고난이 오는가?" 이것에 대한 답변을 하려면 역시 먼저 물어보아야 할 것이 있다. '하나님께서 믿는 이들에게 주시기 원하는 것이 무엇일까?'라는 것과 '사람들이 일반적으로 좋다고 생각하는 것이 정말 사람들에게 좋은 것일까?'라는 질문이다.

사람마다 다 생각이 다를 수 있으나 일반적인 생각에 대해 말할 수밖에 없으니, 생각이 다르신 분이 있더라도 양해해주시기 바란다. 보통 사람들은 하나님께서 건강과 재물과 자손이 잘 되는 축복을 주신다고 기대한다. 하나님의 말씀을 잘 순종하면 이런 물질적인 영역의 축복이 임한다고 생각하는 것이다. 그러나 이제 가슴이 아리더라도 성경에 말씀하시는 참된 것을 보도록 하자.

"또 여러분 중에 어떤 사람이 자기 아들이 떡을 달라는데 돌을 주겠으며, 생선을 달라는데 뱀을 주겠습니까? 여러분이 악할지라도 좋은 선물을 자녀에게 줄 줄 아는데, 하물며 하늘에 계신 여러분의 아버지께서 자기에게 구하는 사람들에게 좋은 것들을 주지 않으시겠습니까?" (마태복음 7:9~12)

이와 유사한 누가복음 11장에서는 생선을 달라는데 뱀을, 달걀을 달라는데 전갈을 주겠느냐고 하셨다. 나는 이 구절들을 이해하는 데 오랜 시간이 걸렸다. 아들은 생선과 계란을 달라고 아버지에게 구한다. 이것은 일상의 필요이다. 생명을 유지하기 위한, 이 땅에서의 필요를 아버지께 구한 것이다. 그런데 다음 구절이 내게는 영 어색했고 어울리지 않는 문장처럼 보였다. '돌', '뱀'과 '전갈'을 왜 언급하신 것일까? 적어도 생선과 계란과 견줄 정도의 그러나 다소 품질이 떨어지는 무언가를 언급하셨다면, '아, 그렇구나. 자녀가 그 필요를 구하는데 덜 떨어진 것을 주시겠는가? 좋은 것을 주시겠지.' 하고 이해할 텐데 '뱀과 전갈을 주시겠는가?'라니, 이것은 어울리지 않는 것처럼 보였다. 하지만 시간이 지나고 체험이 쌓이고 앞선 신실한 믿는 이들의 글을 읽으며 깨닫게 되었다.

우리는 우리의 필요를 따라 하나님께 구하였는데, 우리 앞에 닥쳐온 것은 '뱀과 전갈'과 같은 환경이 왔다는 것이다. 우리가 보기에, 우리 눈에는 말이다. 그러므로 예수님께서 미리 이 말씀을 하신 것이다. "이 땅의 부모들도 그리하지 않는데 하늘에 계신 아버지께서 그리하시겠는가?"라고 하시면서 우리 눈에 보이는 그 뱀 같고 전갈 같이 우릴 물고 쏘는 아픈 환경이 결코 우리 안목에 보이는 대로 우릴 해치고자 하는 환경이 아니라는 것을 미리 알려주신 것이다.

이런 고통스러운 환경이 올 때 우리는 더욱 돌이켜 하나님께 나아가고 하나님만을 의뢰할 수밖에 없게 된다. 이렇게 우리 속 깊은 곳에서부터 하나님을 앙망하고 하나님께 열어 드릴 때, 비로소 하나님과의 관계가 형성되고 하나님께서 가장 좋은 것, 하나님께 속한 모든 풍성을 성령을 통해 우리 안에 주신다. 그러므로 마태복음에서는 '좋은 것'을 주시지 않으시겠냐고 하였고, 누가복음에서는 '성령을 주시지 않으시겠냐?'라고 한 것이다.

이 땅에 사는 동안, 우리가 육신을 입고 사는 한 우리에게는 많은 물질적인 필요가 있고 돌봄이 필요하다. 이런 필요를 채우는 것은, 우리가 볼 때 절대적인 것이고 이러한 필요가 안정적으로 그리고 미래에도 보장되는 것처럼 보일 때 우린 축복받았다고 생각할 것이다. 그러나 그렇게 된다 할지라도 우리의 존재가 흙에 속한 타고난 그대로 있다가 죽게 되면 우리의 존재는 하나님 앞에 설 수 없는 자들로 발견될 것이다. 따라서 우리 눈에 뱀과 전갈들처럼 보이는 환경들을 때로는 보내시는 것이다.

여러분이 여러 가지 시련 때문에 현재는 잠시 동안 슬퍼하지 않을 수 없겠지만. 그때를 두고 크게 기뻐하십시오. 여러분의 믿음의 시련은 불로 단련해도 없어지고 말 금의 시련보다 훨씬 더 보배로워서, 예수 그리스도께서 나타나실 때에 칭찬과 영광과 존귀를 얻게 합니다. (베드로전서 1:6~7)

여기서 말하는 것처럼 결국 시련은 용광로에서 금광석을 제련하듯, 금이 아닌 성분들은 제하고 금에 속한 것만 남길 터이고, 열과 압력이 흙을 돌로, 돌을 보석으로 변화시킬 것이므로 이것이 아버지께서 '좋은 것을 주시지 않겠느냐?'라는 내재적인 의미이다.

이상으로 하나님을 오해하는 주된 사안에 대해 나름대로의 관점을 제시하였다. 하나님께서 빛을 주시고 볼 수 있는 시력을 허락하셔서 이 글을 읽으시는 분들에게 하나님을 알려주시길 원한다.

이 글을 읽으신 후에 혹시 또 다른 오해를 하실까 봐 말씀드린다. 제가 이 글을 쓴 것이 하나님을 옹호하려거나 변호하려는 것이라고 오해하시지 마시길 바란다. 하나님은 옹호를 받거나 변호를 받으실 필요가 있는 분이 아니시다. 그럼 왜 이 글을 쓴 것인가? 사람들이 하나님을 오해하므로 하나님의 큰 구원의 축복에 참여하는 데서 멀어질 것이 안타까워 쓴 것이다.

16 죄와 벌

|

　　의과대학을 마칠 때쯤, 청년시절의 일이다. 스터디 그룹이었던 친구 J가 아쉽게도 인턴 프로그램에 들어가지 못하여, 함께 하였던 그룹의 친구들이 그를 위로하기 위해 이태원에서 기분을 풀어주려고 하였다. 그런데 엉뚱하게도 만취한 것은 그가 아니라 다른 친구 L이었다. 외국인들도 많이 오는 곳이었는데 어디선가 웅성거리는 소리가 들려 쳐다보니 L이 주먹을 쳐들고 자신보다 몸이 두 배나 돼 보이는 백인을 쫓아가고 있는 것이 아닌가.

　　혼비백산한 우리는 여럿이 달려가 그를 데려오려 했으나 꿈쩍도 않은 채 웃고 있었는데 그의 얼굴을 보니 마귀의 모습이었다. 그것은 내가 알고 있던 친구 L의 모습이 아니었다. 그러나 그가 그런 표현을 하고 있었다. 그날 나는 마귀를 보았다. 친한 친구의 얼굴에서, 그것도 공자라 불리고 누구에게도 해코지한 적이 없는, 우

리가 법이 없어도 살 사람이라고 한 그 친구의 얼굴에서. 그 이후로 그에게서 다시 그 모습을 본 적은 없다. 공자의 모습으로 돌아와 지금은 중후한 사회인으로 재직 중이다.

또 다른 한 사례는 아주 가까운 분으로부터 들은 이야기인데, 모친께서 다급히 전화하셔서 부모님 댁에 황급히 갔더니 모친께서는 방문을 걸어 잠근 채 숨어 계시고, 부친께서 취하셔서 거실 소파에 앉아 계셨는데, 평소 본 적이 없는 광경으로 아주 상스러운 욕을 하고 계셨다. 그분 역시 평소 고고하시고 인격적이시고 조용한 분이셨는데 말이다. 부친으로부터는 처음 보는 광경이라 몹시도 당황하셨다는 것이다.

실재 일어났던 일로, 다소 극단적인 예를 들었지만, 사실 크고 작은 일들에서 우리는 우리의 죄악시되는 면모를 지니고 있다. 최근에는 수년간 성추행으로 나라가 조용할 날이 없는데, 어느 정당의 여성의원이 '피해자다움'이나 '가해자다움'이란 없다고 사회에 큰 명제를 던졌다. 이 말은 가해자가 특정될 수 있는 어떤 부류의 사람이 아니고, 피해자도 그런 피해를 받을 만한 사람이니 그런 피해를 당했겠지 하고 특정할 수 있는 사람이 아니라는 뜻이다. 누구나 가해자가 될 수도 있고 피해자가 될 수도 있다는 뜻으로 나는 이해하였다. 그러면서 그 여성의원은 사회적으로 존경받는, 덕망 있는 사람조차도 '왜 이런 일에 실패하는가?' 하는 질문을 던졌다. 왜?

이 책의 마지막 42번 글 '병들지 않은 자가 없다'에서 언급한 것과 같이 인류 역사에 기록된 한 사건, 간음한 현장에서 잡힌 여인의 사건에서 돌을 들어 정죄할 자격이 있는 사람이 한 사람도 없다는 것은 이미 증명된 바 있다. 우리가 생각하는 것들, 마음에 품은 것들을 동영상으로 찍는 장치가 개발될 경우, 정신이 올바르다면 다른 이들에게 선뜻 보여줄 수 있을까?

> 만일 내가 원하지 않는 것을 행한다면, 그것을 행하는 자는 더 이상 내가 아니라 내 안에 거하는 죄입니다. (로마서 7:20)

성경은 간단히 죄를 드러내준다. 우리가 죄 가운데 태어나 죄 가운데 살아와서 너무나 친숙하므로 죄가 나의 존재 자체라고 생각하기 쉬운데 성경의 빛으로 우리 존재를 스캐닝해 볼 때 죄는 한 인격으로 내 안에 거하는 어떤 존재라는 것을 볼 수 있다. 내가 술을 마시고, 내가 담배를 피우고, 내가 도박을 하고, 내가 누군가를 죽도록 미워하는 것 같지만, 사실은 내가 아니라 죄라는 것이다.

이를 증명하기는 매우 쉽다. 죄를 짓지 않으려 해보라. 여러분이 주체라면 죄를 억제할 수 있을 것이다. 그러나 여러분이 이제는 죄를 짓지 말아야지 하고 마음먹은 날부터 우주 가운데 가장 얼굴이 어두워지는 사람이 될 것이다. 왜냐하면 그렇게 하려야 할 수 없고, 그런 자신이 너무나도 고통스럽게 느껴지기 때문이다. 나는 그런 친구를 실제로 본 적이 있다.

인류가 죄악 된 존재냐, 아니냐를 따지지 말자. 다른 어떤 사람을 지칭하며 그도 죄인이냐고 묻지도 말자. 내가 죄인인지 여부만 판단하면 답은 너무나도 간단하다. 나는 내가 죄인인 것을 시인한다. 나는 내가 생각한 것을 동영상으로 찍어 유튜브에 올릴 수 없다. 나는 아무도 없는 때에도 순결하고 고결하게 천사같이 존재할 수 없음을 시인할 수밖에 없다. 나의 동료가 나보다 더 좋은 평가를 받고 인정받을 때, 내 안에 어떤 동요도 없이 순수하게 그를 존경하고 감상할 수 없다. 나는 나를 사랑해준 사람들조차도 때로 미워하고 거칠게 대한 적이 있다. 나의 말로 적지 않은 사람들이 상처를 받고 다음이 상한 적이 없다고 단언할 자신이 도저히 없다. 나는 죄인이다.

죄를 지은 결과로 벌을 받게 된다. 자명한 원칙인데, 성경에서 죄의 대가, 즉 죄에 대한 판결은 '사망'이다. 죽음이 온 것은 인류의 범죄 이후의 일인 것이다. 이 죽음은 육신의 심장 박동이 멈춘 것만을 의미하지 않는다. 사망은 어떤 느낌을 준다. 어둠과 함께 사망은 우리가 숨 쉬고 생활하는 영역에 찾아오기도 한다. 특히 죄와 강하게 연관될수록 사망의 느낌은 더할 수 있다. 죄는 사망이라는 종착역으로 우리를 몰아간다. 죄는 씨를 뿌리고 다니며 사망은 추수하러 다닌다. 어떻게 이 죄로부터 놓여날 수 있는가? 죄로부터 해방되는 길은 없는가?

> 왕이 군대가 많다고 구원받는 것이 아니며
> 용사가 힘이 세다고 구출 받는 것이 아니라네
> 군마는 구원받는 데 헛된 것이며
> 그 큰 힘으로도 구출해내지 못한다네 (시편 33:16~17)

강한 힘의 능력이 있다면 구원받을 수 있을까?

시편 33편을 쓴 사람은 아니라고 말하고 있다. 강한 힘을 지닌 말의 힘 같은 것으로도 죄를 제할 수 없다. 한 마리 말의 힘이 부족한 것일까? 승용차 중 벤틀리는 500마력이 넘는 최고 출력을 자랑한다. 이 차를 타고 달리면 나를 괴롭히는 죄가 떨어져 나갈까? 500마리의 말이 끄는 힘보다 큰데 말이다.

요새 명상이 유행인데 명상을 하면 죄가 사라질까? 직장에 복귀해 한 시간도 지나기 전 성질이 폭발할지도 모른다. 맨 손으로 암벽을 타면, 혹 만유인력의 법칙으로 죄가 땅 밑으로 떨어질까? 고행을 하면 죄가 떠나갈까? 이미 해본 사람이 있다. 마르틴 루터다. 그는 수도사로 하나님을 섬기려 자신을 헌신하였으나 여전히 죄로부터 해방을 받지 못했다. 당시 계단을 무릎으로 기도하며 오르면 구원에 이른다는 가르침을 따라 고행도 행하였으나 자신이 여전히 의롭지 않다고 느낄 뿐이었다.

친구여, 어떻게 하면 이 죄로부터 구원받을 수 있겠는가?

만약 우리가 함께 하는, 어떤 골치 아프고 꾸준히 괴롭히는 사람이 있다고 하자. 그가 내 옆에서 나를 고통스럽게 하는데, 나로서는 그를 어찌할 도리가 없다. 그런데 어느 날 어떤 기차역에서 먼 곳으로 떠나는 기차 편에 그를 보내게 되었다고 하자. 그가 떠나간 후 돌아올 길이 없다는 것을 알 때, 그 기차역에서 나는 그를 보내면서 "잘 가게, 그리고 다시 오진 말게."라고 하지 않겠는가?

여기에 죄를 떠나보낼 수 있는 기차역이 있다. 그 역의 이름은 십자가이다. 예수 그리스도께서 세상의 죄를 없애신 십자가가 죄를 떠나보낼 수 있는 일종의 기차역이다.

곧 하나님은 죄와 관련하여 그분 자신의 아들을 죄의 육체의 모양으로 보내시어, 그 육체 안에서 죄에 대해 유죄판결 하심으로써 (로마서 8장3下)

베드로가 그들에게 말하였다. "회개하십시오. 그리고 여러분은 각

각 예수 그리스도의 이름 위에 침례를 받아 여러분의 죄들이 용서받도록 하십시오. 그러면 성령을 선물로 받을 것입니다. (사도행전 2:38)

그러나 이제는 여러분이 죄에게서 해방되어 하나님께 노예가 되었고 거룩하게 됨에 이르는 열매를 맺고 있는데, 그 결말은 영원한 생명입니다. (로마서 6:22)

나는 그리스도와 함께 십자가에 못 박혔습니다. 그러므로 이제는 더 이상 내가 사는 것이 아니라, 그리스도께서 내 안에 사십니다. 이제 내가 육체 안에서 사는 생명은 나를 사랑하시어 나를 위하여 자신을 버리신 하나님의 아들의 믿음 안에서 사는 생명입니다. (갈라디아서 2:20)

이 네 구절을 통해 볼 때 예수 그리스도께서 우리 죄를 위해 대신 십자가에 못 박혀 죽으심으로써 하나님의 심판을 받으셨고, 그 십자가의 죽음으로 하나님 앞에 하나님의 의로우신 요구를 다 해결하셨고, 그분의 십자가의 죽음에 내가 연합하여 나도 못 박혔으므로 죄의 문제가 해결된 것이다.

그러나 이것을 내게 적용하려면 그분, 예수 그리스도를 나의 구주로 받아들여야 한다. 누군가 나를 포함하여 많은 이를 위해 만찬을 예비하였으나 그것을 먹지 않는다면 상 위의 산해진미는 나와 아무 상관없는 것처럼 구주 예수께서 이 글을 읽고 계신 바로 여러분을 위해 죽으셨으나 그분을 받아들이지 않는다면 그분의 역사는 여러분에게 적용될 수 없는 것이다.

이제 십자가에서 예수 그리스도의 죽으심으로 우리의 죄를 멀리 떠나보낼 수 있게 되었다. 그 죄는 나를 괴롭혔던 어떤 사람이 기차를 타고 멀리 가버림으로써 더 이상 내게 어떤 영향을 줄 수 없는 것 같이, 내가 구주 예수 그리스도를 믿고 그분의 십자가의 죽음에 머무는 한, 그 죄는 내게 어떤 영향도 줄 수 없다. 예수 그리스도의 십자가 역(驛)에서 머물며 이렇게 말해보자.

"죄여, 잘 가게. 그리고 다시는 돌아오지 말게."

17 숲속 카페에서

그곳엔 숲속에 카페가 있다.
눈이 내리는 날이면
뽀드득 뽀드득
아무도 걷지 않은 길을 따라

차운 바람이 볼을 시리게 해도
걷고 또 걷고 싶은 길과
나무를 쪼는 딱따구리 소리와
박새, 곤줄박이, 때론 뱁새 무리가 재잘, 재잘, 재잘 대는 소리가
귓가를 간지럽히는
그런 숲길이 있다.
호수라 하긴 자그마하고 연못이라 하면 너무한
그곳으로 흐르는
마냥 수줍어하는 작은 시냇물도
얼다 눈이 쌓이다
쌓이다 얼다 내어준 길로 흘러만 가는
맑디맑은 물줄기를 품은

그곳 숲속엔 카페가 있고
함박 웃는 눈이

하염없이 내리는 날이면
아내와 따뜻한 커피 한 잔을 마실
그곳 숲속엔 카페가 있다.

커피 향이 가실 때쯤이면
눈에게 자리를 내준 따사로운 겨울 햇빛은
밤늦게 잠들지 않았던 막내가 기지개하고 일어나는 휴일 오후처럼
소복하게 쌓인 눈을 내리쬐는

그런 숲속엔 카페 하나가 있다.

18   심장이 떨어지는 줄

|
수년 전 일이다. 아내와 나는 봄에 곰배령에 다녀오기 위해 예약을 하고 초등학교 시절 소풍 갈 날을 기다리듯 설레는 마음으로 기다리다가 마침내 당일 점봉산 생태관리센터에 도착하였다. 최근엔 동절기에도 입산이 허가되는 것 같은데, 당시에는 겨우내 입산이 금지되어 있었다. 미처 인지하지 못하였는데 우리가 예약한 날이 닫혔던 산길이 열린 날이었다. '와! 올해 처음 열린 곰배령 탐방이라니….' 무엇이 우릴 기다릴까 궁금한 마음 한가득 안고 산길을 걷기 시작한다. 입구에 있었던 이삼십 명의 사람들은 산길에 들어서자 보이지도 않는다.

초입 산길 옆으론 얼레지 꽃이 고개를 숙이고 피어나며 수줍은

고개를 숙이며 피어오르려는 얼레지

모습으로 힐끗 보며 인사를 하고, 이름 모를 야생화들이 여기저기 피기 시작하고 있었다. 아내와 나는 전문 산악인은 물론 아니고 아마추어 산악인도 아닌 평범한 사람들이다. 그러나 언제부턴가 기회가 될 때마다 야외에 나가 산과 들을 함께 걷게 되었다. 자연을 걷다 보면 아내는 평소 미루어두었던 많은 이야기를 내게 들려주곤 하였으며, 싸간 도시락을 먹거나 오랜만에 외식을 하며 평소 나

산을 약간 오르니 나뭇가지에
살얼음이 끼어있는 것이 여기저기 보인다.

그 살얼음이 산에 오를수록 두꺼워져가고

누지 못했던 교감을 나누곤 하는데, 이것이 우리의 자연스러운 일상이 되어가고 있다. 연인에서 부부로, 부부에서 친구로, 친구에서 동반자로 우리가 걸어온 길이 이제 34년에 다가서고 있다.

봄으로 시작한 곰배령 산행이 시간이 지날수록 타임머신을 타고 뒤로 돌아가는 듯 다시 겨울의 모습으로 가는가 싶었다. 길을 걸으며 주변 나뭇가지에서 이상한 모습들을 발견하였는데, 잔가지 위에 살얼음이 껴 있어 반질반질한 것이었다. 처음엔 날씨가 추워 이슬이 얼었나 하였는데, 신기하게도 그 얼음의 두께가 산을 오를수록 점차 더 두꺼워졌다.

걷다 보니 초입에서 보였던 꽃들과 함께 봄은 어느새 사라져 버리고 점차 겨울 풍경이 우리를 둘러싸고 있었다. 좀 마음이 두려워지기 시작했는데 겨울에 대비해 준비하고 올라오지 않았기 때문이기도 하였고, 또 겨울철 산행을 해본 경험도 없는 터라 계속 올라가도 되나 하는 마음이 들기 시작하였다.

한쪽 방향으로만 얼음이 얼어 있다.

그런데 주변 나뭇가지들에 얼음들이 신기하기만 하고, 갈수록 그 두께가 더해져가는 모습이 처음 보는 광경이라 호기심도 생겨, 우린 계속 걸어 올라갔다. 그 얼음은 신기하게도 한쪽 방향으로만 자라 있었다. 오르다 보니 이제 우린 겨울 한복판에 와 있었다. 4월 이었는데 말이다. 고개 정상에 거의 가까이 왔을 때에는 눈까지 쌓여 있었는데, 무릎까지 올라왔다. 우리에겐 에베레스트 산이 아닐 수 없었다. 여길 계속 올라가야 하나? 심장이 두근거리기 시작한다.

나뭇가지에 얼어붙은 사슴 뿔 같이 생긴 얼음

마치 칼 모양으로 얼음이 넓게 얼어붙었다.

봄에 산행을 한다고 마음먹었던 우리에게 한겨울에, 그것도 에베레스트 산처럼만 느껴지는 정상이 바로 눈앞에 펼쳐져 있었다. 다행히도 몇몇 사람들이 앞서거니 뒤서거니 하게 되어 우리도 용기를 내어 끝까지 올라가자고 하였다. 나뭇가지의 한쪽 방향으로만 얼음이 얼어 있었던 것은 강한 바람 때문인 것 같다고 과학 현장 탐구까지 하면서 올라가다 보니 그 얼음은 정글 탐험용 칼같이 넓적하게 자라 있었다.

나중에 알고 보니 이것이 상고대였다. 무릎까지 차오르는 눈길을 따라 오르니 곰배령 정상이다. 센 바람과 추운 날씨가 이제 그만 내려가라고 하니 떨어질 줄만 알았던 심장을 부둥켜안고 아내와 하산 길을 취하였다. 난생처음 보는 기이한 광경들을 마음속에 그려놓고, 사진에 담고 내려오는 발길은 왠지 뿌듯하였다. 바닷가에서 예쁜 조개껍질을 잔뜩 주워 바지 양쪽 호주머니가 불룩 튀어나온 어린아이들처럼.

19   뒤영벌

|
설 연휴 첫날, 아내와 아침 일찍 걷기 위해 집을 나섰다. 오늘 경로는 양평 물의 정원에서 시작하여 마음의 정원을 거쳐 구봉마을회관 근처 우리 밀 '장칼국수' 집에서 점심을 하고, 다시 그 길을 따라 돌아오는 것으로 강변 보도를 따라 걷는 길이다.

코로나19 시대에 우리가 즐겨 걷는 언택트 코스 중 하나이다. 오늘도 걷는 내내 사람들과 거의 마주치지 않고 쾌적하게 걷고 왔다. 예보는 영하 1~2도에서 시작하여 영상 10도까지 오른다고 하여 비교적 가벼운 차림으로 나왔는데, 강변이라 습도가 있어 그런지 걷다 보니 추위가 차 안에서 유지해 왔던 온기를 점차 빼앗아

걷는 초입, 얼어붙은 강과 주변 경관
그리고 음습한 추위로 몸이 움츠러든다.

얼굴이 포메라니안 같이 귀여운 붉은 머리 오목눈이

가고, 그것도 모자라 손목 안으로 침입하려고 호시탐탐 기회를 노려, 옷소매를 포함해 주머니 속으로 손을 푹 집어넣었다. 음습한 추위라고나 할까?

얼어붙은 북한강변을 따라 걷는다.

두물머리로 유입되는 북한강변을 따라 걷는데, 강은 저 멀리 보이는 곳만 은빛으로 반짝이는 물의 흐름만 보여줄 뿐 온통 꽁꽁 얼어붙었다. 혹시나 하고 가져갔던 목도리를 두르고 아내도 오리털 판초를 걸치며 저공으로 침습하는 차가운 공기와 다투며 걷는데, 엷게 낀 안개로 강 건너 산기슭은 아련하게 보이고, 붉은 머리 오목눈이들이 무리를 지어 재재재거리며 갈대밭을 무리 지어 휘젓고 다녔다.

뱁새라고도 불리는 이 오목눈이들을 자세히 보면 그 얼굴이 포메라니안 같이 생겨 귀엽기 짝이 없다. 여러 번 사진을 찍으려 시도했지만 부산을 떨고 얼마나 빠른지 초점을 맞추려 하면 벌써 다른 곳으로 가버린 적이 한두 번이 아니었다. 오늘은 웬일인지 몇 마리가 황송하게도 사진을 찍도록 모델을 서주었다.

조그만 눈에 포근해 보이는 털들과 짧고 깜찍한 짙은 색의 날개를 지니고 가녀린 두 발로 갈대 숲 사이를 무리 지어 날아다니는 이 오목눈이들을 열심히 찍다 보니 갈 길에 발목이 잡혀 있었다. 다시 발길을 재촉하여, 지난봄과 여름에 꽃 양귀비들로 화려했었던 강변길을 기억으로만 떠올리며 지금은 황량해진 길을 높이 자란 갈대를 벗하여 걸었다.

적당히 걷다가 아내와 햇볕이 내리쬐는 의자 옆에 서서, 가져간 커피와 케이크 한 조각을 먹으며, 밖의 추운 기운과 따뜻하게 몸 안으로 들어가는 커피의 오묘한 조화를 행복하게 즐기고 다시 길을 걸었다.

마음의 정원을 지나 자전거 길과 합류되는 지점을 따라 한참을 걷다 보니 드디어 구봉마을 '장칼국수' 집이 보이고 언 몸을 녹일 겸 점심도 해결할 겸 식당으로 늘어서니 이른 점심이라 그런지 우리 부부가 첫 손님인 듯했다. 새로 생긴 메뉴인 만둣국과 찐만두를 시키고

처다보는 모습이 낯설었던지
물을 박차고 날아오르는 비오리들

뜨거운 국물로 몸을 녹이니 돌아갈 길도 자신이 생기기 시작했다. 훈훈해진 몸으로 다시 강변을 따라 돌아오는데 이미 해의 고도가 자리를 잡고 안개도 거의 걷히니 기온도 올라 안팎으로 따뜻해졌다.

　기온이 다소 오르니 오전에 보이지 않았던 새들도 여기저기 보이고 얼음과 물 사이 경계에서 무리 지은 온갖 물새들이 보이기 시작하였다.

　한참을 가는데 오는 길에 닫혀 있던 딸기농장의 문이 열려 있었다. '빨강딸기' 농장이다. 파란 딸기도 있냐며 농장 안으로 들어가니 농장 안주인께서 반갑게 맞아 주신다. 비닐하우스 안으로 들어가는데 벌 한 마리가 날아와 우리 주위를 지나쳐 "어, 벌이 있네요?"라고 하니 "일하다 잠시 나가네요."라고 답하셨다. 재미있게 말씀하시는가 보다 하고 귀담아듣지 않았는데, 겨울 하우스 딸기를 사며 이것저것 대화를 하다 보니 흥미로운 이야기를 듣게 되었다. 그 벌이 정말 일꾼이었던 것이다.

일을 수월하게 하려 딸기 재배 상자들을 높게 위치시켰고,
왼쪽 검게 보이는 상자는 뒤영벌이 사는 거처이다.

하우스 안에 핀 딸기 꽃들과 익어가는 딸기들

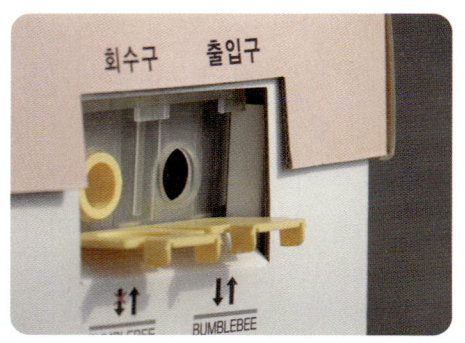

일꾼 뒤영벌들이 들고 나는 출입문

　지난해에 봄과 초여름까지 이 길을 걸으며 여러 차례 들러 딸기를 사 먹었던 농장이었는데, 현장에서 딴 딸기다 보니 신선하고 맛이 있었다. 마트에서 사온 것과 달리 쉽게 무르지 않아 좋은 인상을 갖고 있던 터에 반가운 마음으로 다시 들렀던 것이다. 날씨가 따뜻해지면 하우스 비닐을 걷어 놓으니 밖에서 야생벌들이 들어와 문제가 없는데, 겨울철에는 야생벌들이 없어 특별히 벌들을 렌트하여 꽃들을 수정시킨다는 것이다. 이 벌들은 외국에서 수입

해 오는데 수명이 아주 길지는 않아 간간히 갈아준다고 하셨다.

　영어로는 'bumble bee'라고 서식 상자에 쓰여 있었는데, 사전으로 보니 '뒤영벌'이라고 번역되어 있었다. 이 뒤영벌들이 낮에 따뜻해지면 서식 상자에서 나와 딸기 꽃에 돌아다니며 수정을 돕고 저녁이 되거나 추우면 서식 상자에 들어가 쉰다고 한다. 상자 안에 벌집을 짓거나 꿀들을 저장하진 않고 단지 꽃 수정을 시키는 일만 하는 일벌이라는 것이다. 그리고 간간히 안에 화분을 먹이로 넣어주신단다. 일꾼들에게 새참을 주듯 말이다. 이 벌들이 없으면 겨울철 하우스 딸기 재배는 불가능해 보인다. 저 많은 딸기 꽃들을 사람이 세심하게 일일이 인공수정을 해주어야 하는 것 아니겠는가?

　안주인께서 말을 이어가신다. 때로 일하기에 꾀가 나서 쉬고 싶을 때, 벌들이 부지런히 돌아다니며 일하는 모습을 보면 자신도 격려를 받고 다시 일하게 된다는 것이다. 듣다 보니 너무 신기해 다시 하우스 딸기 밭으로 들어가니 벌 한 마리가 마치 입국 심사장에서 검색을 하듯 내 주위를 맴돈다. 이 벌들이 일만 하는 것이 아니라 집도 지킨다는 생각이 문득 들었다.

　서식 상자에는 벌들이 출입하는 출입구가 있었다. 상자 안에 쉬던 벌들이 일하러 나오는 곳이었다. 내가 보는 동안에도 한두 마리의 벌들이 빠져 나왔다. 벌들의 사진을 찍으려고 하는데 빠르기도 하고 초점 맞추기가 여간 어려운 게 아니었다. 여러 장을 찍었으나 결국 실패하였다. 이야기를 나누다 보니 처음 "일하다 잠시 나가네요."라고 하신 안주인의 말이 그냥 한 말씀이 아니었다.

　이 농장은 아이들이 현장 체험을 하러 오는 곳이기도 한데, 아이들이 벌을 보고 "이 벌들이 쏘지 않아요?"라고 묻곤 하는데, "벌들이 일하느라 바빠서 너희들에겐 관심도 없어."라고 대답하신다

돌아오는 길에 강이 유입된 작은 호수가 얼었다.
그 위에 물닭과 청둥오리가 뒤뚱거리며 노닐고 있다.

는 것이다. 그러고 보니 이 벌들은 영락없는 딸기 농장 주인과 함께 하는 일꾼들임에 틀림이 없었다.

　여기저기 돌아다니는 뒤영벌들이 다시 보였다. 작은 일꾼들, 사람과 동역하는 작은 사람들 같아 보였다.『걸리버 여행기』에 나오는 작은 사람들처럼 말이다. 딸기 한 상자 사들고 돌아오는 길은 마냥 즐거웠다. 곤충과 사람의 따뜻한 협업의 광경을 보고 오는 마음엔 왠지 뿌듯함이 가득해졌다. '빨강딸기농장'에는 아름다운 생명의 노래가 흘러나오는 듯했다.

20 　　새의 노래

|

아침이면
새는 가장 높은 가지에 올라
하늘 닿은 노래를 부르고,
그 지저귐은
구름 사이 햇살을 타고
내 마음에 내려앉는다.

새는 노래한다
아침이면,
가장 높은 가지에 앉아
마음에 담길 노래를
햇살을 타고 내릴 그 노래를
하늘 향해 지저귄다.

맑은 하늘은
그 얼굴을 내밀고
아침 햇빛은 나뭇가지 사이
빛살을 만든다.
높이 오른 곡조에 따라
빛은 춤을 춘다

04

소망의 샘

21   샘솟아 올라

|

사마리아 땅에 한 여인이 살고 있었다. 그 여인은 무언가 속에서부터 채워지지 않는 갈증이 있었다. 이 문제를 이성에서 찾고자 하여 한 남편과 결혼하였다. 그러나 그 남편이 자신의 목마름을 해결해줄 수 없다는 것을 깨달았고, 기회가 왔을 때 다른 남편을 얻게 되었다. 그러나 그녀의 목마름은 해결되지 않았다. 이런 일은 다섯 번이나 반복되었지만, 그녀의 깊은 속에 있는 갈증은 여전히 풀리지 않았고 인생이 공허하기조차 하였다. 마지막 남편과 헤어진 후에도 다른 여자의 남편인 남자를 남편으로 취하여 살고 있었다.

어느 날 이 여인이 물동이를 들고 물을 길으러 우물가로 갔는데, 그곳에 한 유대인이 앉아 있었다. 통상적으로 당시 유대인들은 사마리아인을 접촉하려 하지 않았다. 사마리아인은 하나님을 믿지 않는 민족들과의 혼혈족으로, 유대인들은 이들을 상종할 수 있는 민족이 아니라 여겼기 때문이다.

그러나 뜻밖에도 그분이 먼저 "나에게 마실 물을 달라."고 말씀하시는 것이 아닌가? 여인은 순간 당황하며 "유대인인 당신께서 왜 사마리아인인 저에게 물을 달라고 하십니까?"라고 하였다. 그러자 그분께서 "그대가 하나님의 선물과 마실 물을 좀 달라고 하는 사람이 누구인지 알았더라면 그대가 그에게 구하였을 것이고, 그는 그대에게 생수를 주었을 것입니다."라고 하시며 다음과 같이 말씀하셨다.

예수님께서 대답하셨다. "이 물을 마시는 사람마다 다시 목마를 것이지만, 누구든지 내가 주는 물을 마시는 사람은 영원히 목마르지 않을 것입니다. 내가 주는 물은 그 사람 안에서 원천이 되어 샘솟아 올라 영원한 생명에 이를 것입니다."(요한복음 4:13~14)

이분이 누구시기에 생수를 주겠다고 하시며, 그 물을 마시면 영원토록 목마르지 않는다고 하시는 것인가? 여기서 생수(living water)의 '생(生)'은 실재, 참된, 진리의 생명을 의미하는 헬라어 단어인 ζαω(자오)이다. 그뿐 아니라 그 물이 사람 안에서 원천이 되어 샘솟아 오른다니 이것은 또 무슨 말인가? 이해할 수 없는 일이었다. 사람 안에서 샘이 솟아오른다니?

혹자는 어떻게 사람의 속에서부터 샘이 솟아오를 수 있겠느냐고 말할지 모른다. 그런데 여러분은 물질적인 우리 몸에도 샘들이 있다는 것을 아는가? 그것도 수많은 샘들이 있다는 것을. 우리 몸에서 솟는 샘은 크게 두 가지 형태가 있다. 하나는 그 샘에서 솟아 피 속으로 흐르는 것이 있고, 또 하나는 체외로 솟아 흐르는 것이 있다. 전자를 내분비샘(endocrine gland)라 하고, 후자를 외분비샘(exocrine gland)이라 부른다. 두 종류 모두 우리 몸에 필요한 물질들이 샘솟아나는 것들이다.

내분비샘에서는 각종 호르몬들이 샘솟아 나는데 뇌에서는 시상하부, 뇌하수체, 송과샘이 있고, 목 부위에는 갑상샘(갑상선이라고도 번역됨), 흉곽에는 가슴샘(thymus), 신장 위에는 부신(콩팥 위샘), 췌장에는 인슐린과 글루카곤을 분비하는 샘들이 있으며, 여성의 경우 난소에 여성호르몬을 분비하는 샘들이 있고 남성들에게는 정낭에 남성 호르몬을 분비하는 샘들이 있다.

외분비샘으로는 침샘, 눈에는 마이보미안샘, 여성들의 젖샘, 위와 소장에 소화 관련 다양한 물질을 배출하는 샘들, 췌장에 소화액을 분비하는 샘, 심지어 피부에는 땀샘과 피부 기름샘 등 숱한 샘들이 있다.

이 샘들은 우리 사람의 생명을 건강하게 유지하는 데 매우 중요한 것이다. 어떤 샘들이든 막히면 질병을 유발하게 된다.

고대 유대에서는 우물을 파는 것이 삶의 필수적인 일이었고, 우물을 막을 때는 돌을 던져서 막았다. 샘물이 자연히 솟아난다면 더할 나위 없이 좋은 일이다. 이 샘이 마를 때 사람들은 갈증이 일고 무기력해지고 심지어 살길이 없게 되지 않겠는가?

우리 인생의 삶에 있어서도, 대학에 들어가면 다 이룰 줄 알았지만 졸업할 때까지도 목이 말랐다. 직장을 가지면 다 될 줄 알았지만 여전히 목마르다는 것을 시인하지 않을 수 없다. 결혼하여 가정을 이루면, 거주할 집을 사게 되면, 10억을 마련하게 되면······무수히 많은 '······되면'을 설정해 보지만 그것들이 이루어져도 여전히 목마르고 공허하지 않은가?

그런데 여기 한 사람이 외치고 계신다.

명절 끝 날, 곧 큰 날에 예수님께서 서시어 외치셨다. "누구든지 목마르거든 나에게로 와서 마시십시오. 나를 믿는 사람은 성경

에서 말한 대로 그의 가장 깊은 곳에서 생수의 강들이 흘러나올 것입니다." (요한복음 7:37~38)

    우리 안에 많은 돌들이 있기에 이 생수가 흐르지 못하고 있다. 하나님 앞에 하나하나 돌들이 치워지도록 기도해야 한다. 드러나는 것마다 돌이켜 자백하고 주님께 용서를 구하고 하나님과 나 사이에 가로막고 있는 모든 것들을 하나님께서 제하시도록 구하며, 허락해 드려야 한다. 그리고 외치자. 샘물아 솟아라!

22 작품인가 작가인가
우리가 기리는 것은 무엇일까?

|

인스타그램에 발을 내디딘 지 1년이 넘었건만 나를 따르는 사람들이 100명을 넘지 못하니 소셜 네트워크 활동에서 나의 소질은 뛰어나지 못한가 보다. 그래도 꾸준히 서로 부지런히 '좋아요'를 눌러주는 친구들이 20여 명 정도 되는 것으로 위안을 받는다.

호주 멜버른의 Iza, 러시아의 Volgaolgam과 Inna, 멕시코의 Lorzano와 Velarde, 스웨덴의 Swahn과 Daniels, 독일의 Alex, 그리스의 Alexandra, 미국의 Sara, 국적 미상의 Alice와 Lulu, 우크라이나의 Chapmen 등 한 번도 본 적이 없는 외국 친구들, 그리고 다수의 한국 분들은 서로 앞 다투어 '좋아요'를 1년 가까이 눌러주고 있다. 이분들 중 따르는 이들이 수만 명을 넘는 이들은 하나도 없으니 인스타그램 스타들은 내게서 멀리 있는 셈이다.

인스타그램을 하다 보면 자연을 사랑하는 이들이 전 세계 곳곳에 수도 없이 많다는 것을 깨닫곤 한다. 자주 접하는 나의 친구들은 각자가 주로 자연을 촬영한 사진들이나 인물 사진, 때론 그림을 올리곤 한다. 좋아하는 피사체와 사진의 독특한 분위기와 스타일이 있는데 공통점은 자연을 사랑한다는 점이다. 곤충들과 새들과 식물들, 꽃들을 관찰하다 보면 감탄사가 절로 나오고 심지어 탄성을 발하게 된다. 어떻게 저런 색이? 어떻게 저런 모양이? 수만 명의 따르는 이들이 있는 스타들처럼 자극적인 흥미를 유발할 사진들을 올리진 않지만 잔잔한 감흥을 주고 은은한 아름다움을 감상할 수 있는 사진들에 서로 '좋아요'로 공감하고 있다.

이러한 자연의 아름다움을 감상할 때, 우리 부부는 창조주의 지혜와 그분의 아름다움에 경탄을 금치 못하며 말하곤 한다. 어떻게 하나님께서 이렇게 아름다운 꽃들을 우리에게 누리도록 주셨을까!

성경의 로마서에서는 "세상이 창조된 이래로, 하나님의 보이지 않는 것들, 곧 그분의 영원한 능력과 신성한 특성들은 만드신 것들을 통하여 분명히 보게 되고 알게 되어"라고 말하고 있고, 시편 19편에서는 "하늘들은 하나님의 영광을 선포하고 창공은 그분의 손으로 하신 일을 나타낸다네. 낮은 낮에게 말을 쏟아 내고 밤은 밤에게 지식을 전한다네."라고 말하고 있다.

'모네'展이란 말은 들어 봤지만, '수련'展이란 말을 들어보진 못했다. '로댕'展이란 말은 들어 봤지만, '생각하는 사람'展이란 이야기도 들어 보질 못했다. 특정 작품 이름으로 열린 전시회가 있었는지 찾으면 찾아질 수도 있겠지만 대부분 예술작품을 감상할 때 우린 그 작품을 만든 예술가를 기리게 된다. 고흐의 삶이 어떠했고 르누아르는 어떤 사람이었고, 그 당시 사회적 배경에 가정사까지도 입에 오르내리며 그 작가에 대해 경외감을 표하곤 한다. 물론 그 작품의 더할 나위 없는 아름다움에 대한 이야기와 더불어 말이다.

온 우주와 이 자연의 온갖 아름다움은 다름 아닌 '하나님'展인

셈이다. 이번 주말에도 우리 부부는 '하나님'展에 가볼 예정이다. 어디에 어떤 여름 꽃이 순백으로 피어났을까? 어디에 숲이 강렬한 여름 햇볕을 가려주고 시원한 바람에 길을 내주고 있을까? 어디에 실개천이 초등학생들 현장학습 가듯 재잘거리며 흘러가고 있을까? 그렇게 각양각색의 作品展을 보러 갈 예정이다. "사진 촬영은 무제한 허용됩니다. 플래시 터뜨려도 됩니다. 그런데 작품들을 밟거나 꺾진 마세요."라고 쓰여 있을 법한 전시회를.

23 솔로몬의 옷
꽃보다 영화롭지 못하였네.

|

솔로몬은 구약에 나오는 지혜로운 왕으로 잘 알려져 있다. 두 창녀가 한 아기를 두고 서로 자기 아기라고 다툴 때, 칼로 반씩 나누어 주라고 판결하자 애가 탄 친모는 아기를 양보하려 하였으나 거짓 주장을 했던 여인은 그리하자고 말하여 친모를 분별해낸 판결은 두려우리만큼 지혜로운 판단이었다.

한 번은 하나님께서 솔로몬이 왕위에 오를 때 무엇을 원하느냐고 물으셨다. 그때 그는 자기의 권력의 안위나 재물을 구하지 않았고, 백성을 다스릴 지혜를 구하였다. 열왕기상 3장의 기록에 따르면 무엇을 얻기 원하는지 꿈속에 나타나신 하나님께서 물으실 때, 그는 "슬기로운 마음을 주시어, 주님의 백성을 재판하고 선과 악을 분별하게 해 주십시오."라고 대답하였다. 솔로몬은 그런 사람이었다.

'이차 이득'에 관한 이전 글에 언급한 것에 따르면 솔로몬은 일차 이득에 관한 것만 관심한 셈이다. 하나님의 안배에 따라 그는 다윗에 이어 이스라엘을 통치할 왕위에 올랐다. 하나님은 그분을 대표해서 백성들을 잘 다스리도록 솔로몬에게 왕의 직분과 권위를 주신 것이다. 선생님이 되었다면 학생들이 합당한 인격체로서 잘 자라날 수 있도록 가르치며, 본이 될 수 있기를 구한 셈이며, 의사라면 자기에게 맡겨진 환자의 고통을 돌아보고 그 문제를 해결해줄 길을 잘 찾아낼 수 있는 참된 명의가 되도록 구한 것과 같으며, 농부라면 자신의 논밭에 작물이 건강하게 잘 자라도록 키워 풍성한 소출을 얻을 수 있는 지혜롭고 근면한 농부가 되게 해달라고 구한 셈이다.

일차 이득만을 관심한 그의 순수한 마음이 그로 하여금 왕이 되도록 하신 하나님의 마음에 맞았으므로 그에게 지혜뿐 아니라 구하지 않은 부와 영화와 장수의 축복까지 주셨다. 그는 당대의 모든 사람들보다 지혜로웠고 부귀와 영화를 누린 왕이 되었다. 멀리 남방의 스바 여왕은 그의 지혜로움을 친히 듣고 보기 위해 향료와 금과 보석 등 많은 예물을 싣고 예루살렘을 방문하기도 하였다. 그런데 누가복음 12장에서 예수님께서는 *"솔로몬이 입은 옷이 백합화가 입은 것만 하지 못했다."*고 말하고 계신다.

사람의 영화로움은 그가 입은 옷에서 풍겨 나지 않겠는가? 당대 최고의 영화로움을 누린 솔로몬이 입은 옷이 백합화가 입은 것만 못하였다니, 예수님게서 좀 과장되게 말씀하신 것이 아닌가?
그런데 자연 속을 걸으며 길가에 핀 꽃들을 감상하다 보면 이 말씀이 과장이 아닌 것 같다. 아래 꽃양귀비를 보자. 곱고 은은한 한복을 둘러 입었다. 어떤 한복 디자이너가 이런 분위기를 연출할 수 있을까?

다음은 호주 북부지역에 자생하는 어리연꽃이라고 한다. 만져보니 너무 부드러워 있는 듯 없는 듯싶은데 도대체 누굴 위해 이렇게 예쁘게 피어난 것일까? 누군가 종이 작품 전시를 위해 심혈을 기울여 만든 것 같기도 하다.

노각나무는 한여름에 순결한 하얀 꽃잎을 레이스 처리하여 살짝 주름을 잡아 피워냈다. 꽃술은 다정다감하게 옹기종기 학교 운동장에 모인 어린아이들 같기도 하다.

이 꽃들을 하나하나 뜯어보니 과연 일류 패션 디자이너가 만든 옷이 이에 견줄 수 있을까 싶기만 하다. 이번 주말에는 코로나로 사회적 거리두기가 한참인데, 언택트로 멀리 인적이 드문 숲에서 벌어

고운 한복을 입은 양 아름다운 꽃 양귀비

가위로 잘게 썰어 놓은 듯한 꽃잎을 지닌 어리연꽃

하이얀 레이스처리된 치마 같은 노각나무 꽃

지는 패션 위크를 다녀오는 것은 어떨까? 그 어떤 왕들도 입지 못한 멋진 드레스로 한껏 자태를 뽐내는 꽃들의 향연을 누리러 말이다.

24   전 학년, 전 과목 A++

|
　　의과대학 시절 내내 공부의 양은 고3 때를 훌쩍 뛰어넘었다. 시험 기간 중에는 수 주 동안 밤을 거의 새우다시피 하며 공부할 수밖에 없었는데, 인간의 극한에 도달할 때까지 공부해야 하는구나 하는 생각이 자연스럽게 들 수밖에 없었다.

　　한 번은 시험 공부하던 중, 새벽에 들어서야 한두 시간 눈을 붙일 수밖에 없는 상황이었는데, 잠결에 헬리콥터 소리가 요란하게 들려 눈을 떠보니 같이 공부하던 친구들은 다들 시험 보러 갔고 나만 홀로 남아 있었다. 시간을 보니 시험장까지 매우 촉박한 상황. 황급히 챙겨 뛰어가는데 구름 위를 날아가는 것 같은 비현실적인 느낌이 들었다.

　　그날 시험은 악명 높은 생화학 시험이었다. 눈은 시험지를 보고 손으로는 답을 쓰고 있었는데 머릿속엔 아무 생각도 없는 것 같은 이상야릇한 시간이 흐르고 매정한 시험시간 종료의 벨은 울렸다. 다행히도 재시험 명단에는 내 이름이 빠져 있어 안도의 숨을 쉬었지만 이런 아찔한 순간들이 한두 번이 아니었다.

　　신경해부학, 병리학, 약리학, 내과학, 신경외과학, 정형외과학, 산부인과학, 특히 선천성 대사이상을 포함한 소아과학, 숱한 과목들이 다 필수과목이고 어느 한 과목이라도 낙제 점수면 재시험을 치러야 하고, 그러면 방학은 사라지게 되니 필사적으로 공부할 수밖에 없었다. 하지만 그렇게 공부하였지만 전 과목을 전 학년 모두 A++받고 졸업할 수 있는 학생은 없었다.

인간의 능력으로는 최선을 다해도 부족하게 마련이다. 거기에 각종 제한, 즉 체력, 시간, 컨디션, 주변 상황, 인관 관계, 설비와 여건까지 합하면 불확실성은 더 커진다. 완전할 수 없는 불확실성 말이다. 그렇게 사람들은 사회를 이루고 일상을 살아간다. 여기저기 허점이 한두 군데가 아니다. 인재(人災)가 일어날 요소도 곳곳에 도사리고 있다.

　내가 전 학년 전 과목 A++를 받지 못한 사람일 뿐 아니라 내가 만나는 내 주변의 거의 모든 사람들 중 전 과목 A++를 받은 사람들은 없다. 하지만 우린 내게 서비스를 제공하는 상대가 완전하길 바란다. 거기에 완벽하기까지. 대부분 그렇지 못하니 실망하고 원망하고 따지게 되고 상처를 받기 십상이다. 그래서 사람보다 개가 더 편하다는 사람들도 있다. 사람보다 똑똑하진 못해도 충성이라도 다하니까 말이다.

　시어머니는 며느리가 미워지면 99가지 싫은 이유를 발견해낼 수 있다. 돌이켜 생각해보자. 서로 너무 따진 것 아닐까? 남들에게 전 과목 A++ 맞을 것을 요구한 것은 아닐까? 자신도 일생 한 번도 해보지 못한 것이 아니던가? 왜 다른 이들에겐 그렇게 완벽을 요구하며 용서하지 못할 것 같이 정죄하고 미워하는가? 내가 부족한 것만큼 다른 이들의 허물을 덮어주고 품어줄 수는 없을까? 그 모든 요구들은 돌고 돌아 결국 자기에게 돌아올 터인데 말이다.

　그러므로 무엇이든지, 여러분을 위하여 해주기를 남들에게 바라는 대로, 여러분도 그들에게 그렇게 해 주십시오. 이것이 율법이며 신언서입니다. (마태복음 7:12)

25   사무실에서 토마토 키우기

|

어느 날 출근해보니 스킨답서스 화분에 못 보던 새싹 세 개가 나와 있었다. 이전에 서랍 한 구석에 오랫동안 방치돼 있었던 씨앗 봉투를 뜯어 뿌렸던 것 같긴 한데, 기억해보려 해도 어떤 씨앗이었는지 도무지 생각이 나질 않았다. 수일이 지나니 제법 더 자라 나오는 것이 신기하기만 하여 빈 화분에 옮겨 심었다.

시간이 지나면서 이 녀석들은 무럭무럭 자라나, 다른 화분의 식물들의 성장을 능가하였다. 그런데 자기 편한 대로 자라 나와서, 그다지 볼품 있는 모양새의 관상용 식물 같진 않았는데 주말을 지나 월요일 출근해 보면 시들어 거반 죽어 있곤 하였다. 그래도 물을 주면 오후엔 슬며시 살아나고, 손을 스치기라도 하면 거의 허브 급 향기를 내기도 하였다. 한 여름이 되어서야 이 녀석이 채소류란 생각이 들게 되었다.

'아, 내가 무언가 작물이 될 씨앗을 뿌렸던 게야.'

그러던 차에 어느덧 노란 꽃을 피웠다. 원주 직장에서 사택을 오가며 걷는 길에 농부들이 재배하는 밭을 지나는데 비슷한 식물들이 자라고 있었다. 그제야 그것이 방울토마토라는 것을 알게 되었다.

신기하기도 하고, 한 번 피어오른 생명이니 그 생애를 마음껏 누리고 살다 가게 하자는 생각이 들어 부지런히 물을 주었다. 다른 화분의 식물들보다 두세 배는 물을 더 좋아하는 듯했다. 물주는 간격이 하루 이틀만 늦어져도 죽은 듯 시들어 늘어져 버리는데 물만 주면 기이할 정도로 살아나곤 하였다.

노란 꽃을 여러 차례 피워냈지만, 이내 떨어지곤 하여 여기까지인가 보다 했는데, 이 이야기를 지인에게 했더니 면봉으로 꽃술을 문질러 주라는 것이었다. 그런데 꽃술이 펴져있지 않고 오므라들어 있었고 면봉으로 문질러 보았으나 더 이상 펴질 생각을 하질 않았다. 소용없는 일이라 단념하고 이내 면봉을 쓰레기통에 던져 버렸다.

그러던 어느 날, 출근해서 여느 때처럼 잔뜩 풀 죽어 있는 이 녀석에게 물을 주는데 무언가 동그란 것이 줄기에 달려 있는 것이 아닌가? 자세히 보니 방울토마토였다.
"와! 신기하다. 토마토가 사무실 화분에서 열리다니?"
서툴게나마 면봉으로 문질러 주었던 꽃에서 토마토가 맺힌

면봉으로 문질러준 곳에 열린, 잘 생긴 방울 토마토

추석 연휴 지나고 출근해보니 빨갛게 익었습니다.

것이었다.

몇 번이나 '시들시들한 요 녀석을 뽑아버릴까, 관상용도 아닌 이 녀석을 계속 키워야 하나?'라는 생각이 들다가도, 한 번 피었으니 살아 있는 귀한 생명체의 생애를 끝까지 마음껏 살게 해 주어야지 하고 물을 주곤 하였는데, 이 아이가 내 마음을 읽기라도 하였는지 귀한 반응을 해주었구나 싶었다.

'오! 생명의 귀함이여.' 생명의 노랫가락이 들려오는 듯했다. 무성하게 제 멋대로 자란 방울토마토에 단 하나의 토마토가 열렸지만, 풍성한 느낌이 드는 것은 왜일까? 내 일생에 의도하지 않은 첫 경작의 수확 때문일까? 생명체를 돌보는 것이 일방적인 것이 아니고 무언가 상호적인 것이란 평소 생각에 더 확증을 가져다주는 사건이었다.

"토마토야, 끝까지 살아주어서 참 고맙구나, 사랑해."

26   희망을 파는 사람들

|

아주 멀지 않은 옛날, 장이 서는 날이면 빠지지 않고 등장하는 사람이 약장수였다고 한다. 그가 파는 약의 효용을 듣고 있자면 못 고치는 병이 없는 만병통치의 명약이었다고 한다. 입심이 셀수록, 거하게 자신이 파는 약을 떠벌려 자랑할수록, 자신의 말에 취해가며 스스로도 명약을 팔고 있다는 착각에 빠지게 되는 그런 약이 있었다고 전해져 온다.

어느 날 지인에게 물어, 물어 나를 찾아오신 분께서 계셨다. 원적외선을 내는 돌가루를 섞은 담배 필터를 개발하려고 한다는 것이었다. 담배를 많이 피우고 평소 기침 가래가 많았는데 자신이 제조한 방식으로 필터를 만들어 피워보니 증세가 많이 가라앉았다고 하시며 나에게 어떻게 생각하느냐고 물었다. 제품화하기 전 일종의 컨설팅을 받고 싶으셨던 것이다.

이런 질문은 처음 받아본 것이었고 의학 교육에서 배워본 적도 없으며 논문에서 본 적도 없는 터라 곰곰이 생각해 보고 답변을 드렸다. 효과를 입증하기 전에 먼저 하실 일이 있는데 그 필터를 사용하여 담배를 흡인할 경우 발생하는 가스 안에 일반 필터에 비해 더 유해한 물질이 발생하지는 않는지 점검부터 받아 보시는 것이 좋겠다고 말씀을 드렸다. 그런데 그분은 내 말에는 별로 귀를 기울이지 않으시고 이 필터의 효용이 얼마나 좋은지 자꾸 나를 설득시키려 하셨다. 가래가 끓는 목소리로 연신 자신의 이론에 동의를 구하고 계셨다.

형태와 모양은 달라졌지만, 좀 더 세련되고, '첨단'이나 '혁신'이란 말로 또는 '보건산업 진흥'이란 말로 포장한, 소위 '과학'으로 포장한 듯한, 그리고 때론 드라마틱한 효과를 보았다고 체험담을 말해주는 일련의 지지자들로 구성된 현대판 '약장수'들이 도처에서 활약하고 있다. 심지어 매스컴을 타기도 하면서 말이다.
주된 고객은 기존의 의학에서 해결해주지 못하고 있는 분야의 환자와 그 가족들이다. 기존의 의학의 한계에 부딪쳐 좌절하고 절망 가운데 있는 사람들에게 그들은 현대판 장마당에서 자신의 약들을 판다. 거침없는, 자신감이 넘치는, 그 떠벌리는 목소리로 말하다 보면 자신도 취하고, 듣는 사람도 취하고, 절망 가운데 손을 든 사람에게 지푸라기를 쥐어준다. 그것도 아주 비싼 값으로. 효과가 없는 사람은 자신의 병 탓이고 체질 탓이니 약을 탓하지 말라고, 험상궂은 얼굴로 감히 나의 명약을 탓하려 하다니 하면서 말이다.

참된 검증은 자신에 의해서가 아니라 제삼자에 의해 과학적으로 입증할 수 있는 방법을 통해 이루어져야 하며 입증된 만큼만 소개해야 한다.

환자나 가족들이 소망을 갖는 것은 좋은 일이겠으나, 효과가 아닌 희망을 그것도 비싼 값으로 파는 것은 비윤리적인 행동이다. 물에 빠져 허우적거리는 사람들에게 썩은 동아줄을 던지지 말라, 그것도 고액으로.

왜냐하면 열두 살쯤 되는 그의 외딸이 거의 죽게 되었기 때문이다. 예수님께서 가실 때에 무리가 그분을 에워싸 밀었다. 한 여인이 십이 년 동안 출혈로 앓아 자기의 생활비 전부를 의사들에게 허비하였으나, 아무도 그녀를 고쳐주지 못하였는데, 예수님의 뒤에 와서 그분의 옷 술을 만지니, 즉시 출혈이 멈추었다. 그러자 예수님께서 "나를 만진 사람이 누구입니까?"라고 하시니, 모두들 자기는 아니라고 하였다. 그때 베드로가 '선생님, 무리가 선생님을 에워싸 밀어대고 있습니다."라고 하였으나, 예수님께서 말씀하셨다. "누군가가 나를 만졌습니다. 왜냐하면 나에게서 능력이 나간 것을 내가 알았기 때문입니다." 그 여인이 숨길 수 없게 된 것을 알고는, 떨며 나아와서 예수님 앞에 엎드려, 그분을 만진 이유와 어떻게 즉시 낫게 되었는지를 모든 사람 앞에서 밝혔다. 그러자 예수님께서 그 여인에게 말씀하셨다. "여인이여, 그대의 믿음이 그대를 낫게 하였으니, 평안히 가십시오."

(누가복음 8:42~48)

27 　　길이 있다

길이 있다.
갈 수 있는 길이,
가야 할 남은 길이

걷다 보면
무언가 일어나고,
가다 보면
누군가 기다려 주고,
행장을 풀고 안식할 곳에 이를 길이

행복은 구태여 길이 끝날 곳에만 있지 않고,
걷는 내내
함께 할 이들과 도란도란 이야기를 나눌 때마다
알밤 떨어지듯
톡톡 떨어진다.

함께 할 이와
남은 길을 바라보며,
걸을 길이 있다는 것이
맘 하나 가득 차오르는 빨갛게 벌어진 석류 한 송이

가는 길에
가시덤불이 없어서가 아니고,
독사가 지나지 않아서가 아니라,
오라 부르시는 이의 손길과
같이 갈 수 있는 이들이 있기에
이 길에서
웃음소리가 나뭇잎 사이 햇살 드리우듯
퍼져만 간다.

28 끝인 줄 알았는데, 토마토

|
지난번 사무실에서 토마토 키운 이야기는 단 하나의 방울토마토를 수확하며 끝난 듯하였다. 그 잘 생긴 토마토는 나와 가족들과 지인들에게 감동과 이야깃거리를 제공해주고 내년 봄에 흙 속에 심길 것을 기다리고 있다. 새로운 시작을 위해서 말이다.

수확을 마친 토마토의 남겨진 몸통과 가지들을 어떻게 할 것인가에 대해서 고민하는 데에는 그리 많은 시간이 필요하진 않았다. 애초에 먹었던 마음대로 토마토 일생을 끝까지 다하도록 살게 해주자 하는 마음으로 때맞추어 물을 주다 보니, 11월이 지나도록 싱그러운 이파리를 가지고 잘 버티고 있었다. 밭의 식물들은 다 사그라져 가고 있는데 사무실 환경이 일종의 그린하우스 역할을 해주는 모양이다. 가끔 줄기나 잎을 만지면 특유의 기분 좋은 향내도 여전하였다.

그런데 11월 하고도 일주일이 지난 어느 날 아침, 물을 주려고 하는데 꽃이 핀 것이 보였다. 그것도 두 개나 말이다. 첫 수확의 기억에 황급히 면봉을 가지고 문질러 주었다. 혹시나 늦게나마 추가로 열매를 맺지나 않을까 하고 말이다. '이 작은 녀석이 생명의 소중함을 느끼게 해주더니 계속 기쁨을 선물해주네.' 하며 얼른 스마트폰으로 사진을 찍었다. 자칫 떨어질 꽃같이 여기면서 말이다.

'생명은 돌보면 열매를 맺는구나. 생명은 그 잠재적 자산을 갖고 태어나며 돌보고 가꾸면 그 생명의 모든 풍성이 표현되고 나타나는구나.' 하는 것을 알려준 토마토. 그 표현을 보는 것이 얼마나 아름다움과 푸근함과 만족감을 주는지. 잘 돌본 생명의 결과는 누림을 가져다준다.

나는 심었고, 아볼로는 물을 주었습니다. 그러나 하나님께서 자라게 하셨습니다. (고린도전서 3:6)

그 사이에 몇 개의 꽃이 더 피고,
토마토도 하나가 맺혔습니다.

29 　　하나님 마음속 들여다보기

　　선배 S는 크리스천이었다. 내가 믿는 이의 길을 들어서기 전부터 그랬는데, 종종 자신이 선하다는 확신에 찬 모습을 보이곤 하였고, 그릇된 사람을 보면 가차 없이 정죄하고 저주에 가까운 말을 스스럼없이 하곤 하였다. 당시 믿는 이의 생활을 하지 않고 있던 나에게 그 모습이 낯설어 보였는데, 그리스도인이 된 지 30년이 지난 지금 돌아봐도 그런 방식은 여전히 낯설다.

　　하나님의 마음은 어떠하실까?
　　그릇된 이를 보시고 하나님은 그 선배의 모습처럼 가차 없이 저주하시고 정죄하실까?

　　믿는 이가 아니더라도 바다 큰 물고기 배에서 사흘 있다 나온 유명한 요나의 이야기는 들어본 적이 있을 것이다.
　　당시 앗시리아의 수도 니네베(Nineveh)에 그들의 죄악으로 인해 하나님께서 그들을 멸하실 것이라는 말을 전하라는 하나님의 말씀을 순종하지 않은 요나가 배를 타고 도망가다가 큰 풍랑을 만나게 되었다. 뱃사람들도 만나본 적이 없는 이 큰 풍랑으로 누군가 신의 노여움을 산 사람이 있을 것이라 생각하였는데, 그 사람이 요나였음이 밝혀졌다.
　　큰 폭풍으로 더 이상 길이 없게 되자 사람들은 할 수 없이 요나를 바다에 던졌는데, 이내 바다는 잠잠해졌고 큰 물고기가 요나를 삼켜 버렸다. 그 뱃속에서 사흘 동안 지낼 만큼 거대하고, 숨 쉴 공기를 계속 공급해줄 만한 물고기는 대체 무엇인지 알 수 없지만 사흘이 지나 회심하였을 때 그 물고기는 요나를 토해서 뭍으로 내뱉게 된다. 사흘까지는 아니지만 극히 드물게 고래 뱃속에 들어갔다가 살아나온 사람의 이야기가 근자에도 보도되곤 한다.

요나의 기적적 생존이 뉴스감이고 사람들 귀에 솔깃한 이야기지만, 그 이후에 어떤 일이 벌어졌는지는 별로 주의를 기울이지 않는 것 같다.
결국 요나가 회심하였으므로 요나는 니네베로 가서 하나님의 경고의 말씀을 전하게 된다. 그러자 니네베 사람들이 하나님을 믿고, 왕이 명령을 내려 모든 사람과 심지어 육축까지도 근신하게 하니 하나님께서 멸하기로 하셨던 뜻을 돌이키셨다.

그런데 문제는 여기서부터 시작된다.
요나가 매우 심사가 틀어져 심통을 부렸던 것이다. 그러면서 하나님께 차라리 자기를 죽여 달라고 하는 것이 아닌가? 그러고는 성 밖 동쪽에 나가 앉아 성에 어떤 일이 벌어지는지 노려보고 있었다. 낮에 해가 뜨거우니 하나님께서 잎사귀가 큰 피마자 식물을 자라게 하셔서 요나를 햇빛으로부터 가리시자 곤고롭던 그가 크게 기뻐하였다. 그런데 다음날 벌레 한 마리가 그 식물을 해쳐 시들게 하니 요나는 다시 분을 내며 죽는 것이 낫겠다고 말하였다. 그러자 하나님께서 이렇게 말씀하셨다.

여호와께서 말씀하셨다. "네가 수고한 것도 아니고 자라게 한 것도 아니면서, 하룻밤 사이에 자랐다가 하룻밤 사이에 시들어 버린 이 식물을 네가 불쌍히 여겼는데, 하물며 오른손과 왼손도 구분하지 못하는 사람이 십이만 명이 넘고 가축도 많은 이 큰 성 니네베를 내가 불쌍히 여기지 않을 수 있겠느냐?"(요나 4:10~11)

여기서 우린 하나님의 마음을 엿볼 수 있지 않겠는가? 얼마나 많은 때 하나님의 마음을 가리는 크고 작은 요나들이 있는가? 스스로는 인지하고 있지 못하지만 나도 요나와 같은 사람이 아닐까?

그러나 하나님의 마음은 그렇지 않으시다. 친구여, 부디 하나님의 마음을 오해하지 말고 그분께 돌이키라. 세상의 죄악이 너무나도 크지 않은가?

30 양떼 발자취를 따라 I

> 여인 중에 어여쁜 자야, 네가 알지 못하겠거든 양떼의 발자취를 따라 목자들의 장막 곁에서 너의 염소 새끼를 먹일지니라. (아가서 1:8)

어느 중년의 부부가 있었다. 이 부부는 다소 세상을 험악하게 사신 분들인데, 남편 되시는 분은 '내 주먹을 믿어라.' 하며 인생을 살아오신 분이고, 아내 되시는 분도 청소부와 파출부 일을 해가며 힘든 나날을 보내신 분이었다.

그러던 어느 날 이분들이 다 예수 그리스도를 그들의 죄악과 모든 문제들로부터 구원해주시는 분으로 받아들이게 되었다. 부인 되시는 분께서 어느 날 곽 우유를 마시면서 버스를 타고 가시다가 빈 우유 갑을 하차할 때 자리에 버리고 내리려는데, 운전기사 분이 "아주머니, 그 우유 갑 갖고 내리세요. 왜 버스 안에 버리고 가세요?"라고 하자, 이분은 오히려 목소리를 높여가며 한바탕 하시곤 버스에서 내리셨다.

예전 같으면 이럴 경우 화를 더 내가며 '오늘 재수 없네.' 하며 집에 갈 판인데, 그날 속에서부터 무언가 다른 느낌이 몰려왔다. 잘못 행하였다는 깊은 속에서의 꾸지람이 있었고, 그분은 즉시 뉘우치면서 "주님, 죄송합니다. 제가 잘못 행하였습니다."라고 말하였다는 것이다.

이것은 내가 직접 그분들에게 이야기를 들은 것이다.

K준위는 아주 독특한 분이었다. 준위란 부사관의 최고 계급인 상사들보다 한 단계 위이고 위관 급보단 낮은 계급으로 알고 있는데, 직업군인인 분이었다. 군의관으로 복무 중 나는 책상 위에 항상 성경책을 놓고 시간이 날 때 읽곤 하였는데, 그 모습이 좁은 부대 안에서 다 퍼져나갔는지 어느 날 이분이 내게 찾아와 자기에게 복음을 전해달라고 하셨다.

이분 이전에 그리고 이분 이후에 아직까지도 자기 발걸음으로 찾아와 복음을 전해달라고 한 사람은 없었다. 사정을 들어보니 젊은 날 권투선수였는데 시합 중 상대가 자신의 주먹에 맞아 숨을 거두었고, 이것이 평생 그에게는 해결할 수 없는 크나큰 마음의 빚이 되었다는 것이다.

그는 근자에 군대의 박봉으로 인하여 부업으로 권투도장을 운영하고 있었는데, 주위에는 불량배들이 항상 모여 있어 이런 삶에서 탈피하고 싶으나 길이 없다는 것이었다. 이러한 마음의 짐이 스스로 내게 걸어와 복음을 전해달라고 하게 했던 것이다.

그에게 우린 하나님의 형상 안에서 그분의 모양을 따라 지어져 하나님과는 떼려야 뗄 수 없는 존재이며, 사람의 타락으로 말미암아 죄가 들어왔고, 하나님께서 어느 날 사람이 되셔서 오신 분이 주 예수님이시고, 이 분이 당신과 나의 모든 죄들을 위해 십자가에서 피 흘리시고 우리가 마땅히 우리 죄악으로 죽어야 하나 희생제물이 되어 대신 죽으심으로써 하나님의 의의 요구를 다 성취하셔서, 이제 그분을 구주로 영접하고 받아들이는 사람, 즉 주 예수님을 구속주로 믿는 사람마다 구원을 받게 된다고 말해주었다.

그리고 이러한 주 예수님과 친밀한 관계를 갖고 하나님을 받아들이고 체험하고 누리는 길은 성경 말씀을 꾸준히 읽고, 기도하고, 주 예수님을 마음 깊은 속에서부터 이름 부르는 것이라고 알려 주었다.

그러던 어느 날 우리 군부대가 지방으로 이전하게 되었다. 그가 운영하던 권투도장은 수원이었는데, 그의 부친께서 아프셔서 서울에 있는 병원에 입원하시게 되었다. 그는 이전한 지방과 서울을 오가며 부친을 간호해야 했고, 상당기간 수원에 들르지 못하다가 오랜만에 자신이 운영하던 권투도장에 가보니 도장의 간판이 내려져 있었고, 링의 줄이 다 끊어져 있어서 깜짝 놀라 누가 이렇게 했느냐고 묻자 관원들이 이분의 성질을 잘 알기 때문에 머뭇거리다 모기 같은 목소리로 건물주가 세를 내지 않아 이렇게 하였다고 말하였다.

그는 눈앞에 보이는 야구 방망이를 집어 들고 한 발자국만 내디디면 단숨에 건물주에게 달려가 쳐 죽일 것만 같았다. 자신을 주체할 수 없어 비틀거리며 관장 방에 들어가 문을 잠그고 어떻게 기도할지도 몰라, 할 수 있는 것이라곤 있는 대로 큰 소리로 주 예수님의 이름을 부르는 것뿐이었는데, 그러자 등 뒤에서 반석 같은 것이 느껴지면서 뜨거운 느낌이 뱃속에서부터 올라오더니 온 몸이 뜨거워졌다.

신기하게도 온 몸이 환해지면서 그렇게 밉던 건물주가 사랑스럽게 느껴지면서 문을 열고 밖으로 나오니 관원들이 다 놀라고 있었다. 방금 전에 마귀 같은 얼굴을 하고 들어간 사람이 천사 같은 얼굴을 하고 나왔으니 말이다.

갓 주님을 믿은 사람이, 믿음이 그다지 있지 않은 사람이 원수를 사랑하게 된 일이 어느 날 그분께 나아가 그분을 향하여 부르짖은 한 사람에게 일어났던 것이다.

31   양떼 발자취를 따라 II

|

　　E병원에 근무할 당시 일주일에 한 번 점심시간 때 30분 정도 함께 성경을 읽고 느낀 것을 나누는 시간을 갖게 되었다. 그 모임에는 이제 막 성경에 대해 알아가는 분도 계셨고, K선생님 같이 엄마 뱃속에서부터 믿는 이가 된 분도 있었다. 대여섯 명에서 많을 때는 칠팔 명이 나의 진료실에서 모여 교제하곤 하였다.
　　그러던 어느 날 K선생님이 한적한 시간에 나를 찾아왔다. 이분은 그야말로 에프엠인 분이었다. 반듯하고 진지하고 거짓을 품지 않는 참된 분이었는데 매우 진지하게 물었다.
　　"이 선생님, 교통하실 때 하나님을 누린다, 체험한다는 말을 하곤 하시는데 그것이 무슨 뜻입니까? 어떻게 하면 하나님을 누릴 수 있습니까? 제가 날 때부터 그리스도인이었고 한 번도 하나님을 떠나 산 적이 없지만 하나님을 누린다는 말이 생소하고 무엇인지 모르겠습니다."

　　너희는 여호와의 선하심을 맛보아 알지어다. 그에게 피하는 자는 복이 있도다. (시편 34:8)

　　"하나님은 사람에게 단지 지식과 교훈을 주시어, 우리로 올바른 사람이 되라고 가르침을 주시는 분만이 아니십니다. 하나님은 우리가 먹고 마시고 누릴 수 있는 분으로 오셨습니다. 하나님을 우리 존재 안으로 받아들이고 그분을 생수로, 생명의 떡으로 받아들일 때 하나님의 영원한 생명이 우리 안에 분배됩니다. 영원한 생명이 우리 안에 들어올 때 우린 기쁘고 즐겁고 살맛이 나고 활력화되고 소생하게 됩니다. 이렇게 될 때 도저히 사랑할 수 없는 사람을 사랑할 수 있고, 인내할 수 없는 상황에서 인내하게 되며, 우리의 괴팍한 성질에서 구원받게 됩니다. 이런 것이 하나님을 누리는 것이요 체험하는 것입니다."

이런 의미의 답을 해주었다. 그러자 그가 "어떻게 하면 그렇게 하나님을 누릴 수 있느냐?"고 다시 물었다.

한 분께서 모든 사람의 주님이 되시고, 그분을 부르는 모든 사람들에게 풍성하시기 때문입니다. (로마서 10:12下)

하나님의 말씀을 꾸준히 읽고, 기도하고, 찬송함으로써 누릴 수 있다고 말해주었고, 가장 쉬운 길을 로마서 10장의 말씀을 근거로 알려 주었다.

"우리는 이미 주 예수님을 우리의 구주로 마음으로 믿었고 입으로 시인함으로써 구원에 이르게 되었습니다. 주 예수님의 이름을 마음속에서부터 깊이 불러 보십시오. 그럼 성경에 이른 것처럼 주 예수님으로 풍성하게 될 것입니다."

그러자 그가 다시 말하였다.

"그렇게 쉽습니까? 삼십 년 넘게 태어나서부터 믿는 이였는데, 아직 하나님을 누리는 것이 무엇인지 체험해본 적이 없었는데 그렇게 쉽게 체험할 수 있단 말입니까?"

그는 이렇게 반문하며 의아해하였다. 그래서 마지막으로 한 마디를 더하여 주었다.

"선생님, 사람에게 가장 긴요하고 중요한 것은 값없이 매우 쉽게 얻지 않습니까? 숨 쉬는 것을 5분간 멈추면 사람은 죽게 됩니다. 물을 7일간 마시지 않으면 죽을 수 있습니다. 음식을 40여 일간 먹지 않는다면 사람은 죽게 됩니다. 요즘 사회가 복잡해져 물을 사 마시지만 과거엔 물도 값없이 마셨습니다. 그런데 우리 생활에 필요하지 않은 다이아몬드를 얻으려면 큰 대가를 지불해야 합니다. 숨쉬는 것을 다이아몬드 얻듯이 해야 한다면 인류는 멸망하였을 것입니다. 가장 우리에게 필요한 것은 가장 쉽게 얻을 수 있는 것입니다. 하나님은 공기보다 더 우리에게 긴요하신 분입니다."

하지만 그의 표정으로 봐서 문제가 해결된 것 같지 않았고, 여전히 답답해하며 석연치 않은 표정으로 내 방을 떠났다.

시간이 지난 후 어느 날 함께 모였는데 유난히 최근 K선생님이 얼굴에 기쁨이 가득하고 활기가 넘치고 눈에 총기가 더하는 듯했다. 교제를 나누던 중에 "요즘 성경 말씀이 너무나 달콤하고 말씀을 읽을 때 기쁨이 넘칩니다."라고 K선생님이 말하여 다들 깜짝 놀라 그를 주목하였다. 평소 약간 얌전하신 편이고 말씀도 잘하지 않는 탓이라 더욱 놀랐는데, 어느 날 꿈속에서 무언가에 쫓기고 있었는데 이리저리 피하다가 막다른 상태에 도달하게 되어 더 이상 길이 없었다고 하였다. 그때 그가 난생처음 "주 예수여!"라고 크게 불렀다는 것이다.

그런데 기묘하게도 하나님께서 자신 안에 느껴지고 친밀한 느낌이 들었으며 마음이 평온해지더라고 한다. 그러고 나서 그 이후가 놀라웠는데, 성경을 읽을 때 이전 같지 않게 말씀이 너무나 달콤하고 말씀을 읽을 때마다 기쁘다는 것이었다. 최근에도 카톡에 올라오는 그 선생님의 글을 읽으면 당시의 신선한 기억이 떠오르며 나를 공급해준다. 인생의 맛은 바로 여기에 있다. 찾을 것을 찾았을 때 오는 이 기쁨이여!

05 계속 걷기

32   삶의 비결

어떻게 하면 우리의 삶이 가치 있고 의미 있는 삶이 될 것인가? 공허하지 않고 무의미하지 않고 무기력하지 않은 삶을 사는 비결은 무엇일까? 인생의 여정을 걸으며 평온하고 행복할 뿐만 아니라 삶을 마무리할 때에도 평온함 가운데 두려움 없이, 찾아온 죽음에 자신을 내어 맡길 수 있을까? 부부가 아이들을 다 키우고 부모 품을 떠나가 이륙하는 항공기처럼 자신의 삶을 살려 할 때, 어떻게 우울하지 않고 여전히 소망이 넘치고 자신의 삶이 허무하지 않게 느껴질 수 있을까? 어려운 환경 속이 물밀듯 밀려오는 삶의 과정에서 화내지 않고 원망하지 않고 성질내지 않고 사는 것이 어렵긴 하지만, 거기에 더하여 그런 환경에서 깊은 속에서부터 기쁨과 누림을 여전히 가질 수 있는 비결이 어디에 있을까?

내가 그런 삶을 잘 살고 있다고 말하긴 어렵지만, 성경과 이런 삶을 산 사람들의 이야기와 약간의 체험을 갖고 그 비결을 탐구해보도록 하자.

예수께서는 이런 놀라운 말씀을 하셨다.

"나는 포도나무요, 여러분은 가지들입니다. 그가 내 안에, 내가 그 안에 거하면, 그 사람은 열매를 많이 맺습니다. 왜냐하면 나를 떠나서는 여러분이 아무 것도 할 수 없기 때문입니다. (요한복음 15:5)

이 구절은 우리가 어떤 존재인지를 설명해준다. 우리는 가지들이라는 것이다. 이 글을 읽는 독자께서 믿는 이가 아니시라면, 아마 지금까지 살아오면서 이런 관념을 가져본 적이 없을 것이다. '나'라는 존재는 매우 독립적이고 우주 가운데 혼자라고 생각했을 것이다.
　그런데 성경은 우리가 '가지들'이라고 말하고 있다. 나무는 하나님이신 예수 그리스도이시다. 즉 우리 존재가 예수님과 하나인 그 가지들이기 때문에 우리의 근본, 뿌리, 몸통이신 하나님을 떠나면 인생을 참되게 살 수 없다는 것을 말해준다. 이것이 하나님 없이 살 수 있다면 그것이 기적이라고 말한 이유이다.

　여기서 열매를 많이 맺는다는 것은 학력, 재력, 권력 등 이 땅에서의 물질적인 영역의 열매들을 언급하기보다 영원 안에 우리가 가져갈 수 있는, 우리의 존재로부터 나오는 참된 열매들을 언급하는 것이리라. 삶의 기쁨, 평안함, 사랑, 누림, 자존감, 인생을 마감할 때 두렵지 않은 어떤 것을 가졌다는 느낌, 이런 것이라고 생각한다.
　우리가 삶을 살며 정말 갖고 싶은 것들, 우리 인생이 꽃이라면 꽃이 진 후 맺힌 것, 그것이 열매이다. 이 열매를 맺는 비결을 요한복음 15장에서 말해주고 있는 것이다. 인생의 비결을 말이다. 그것은 주 예수님 안에 거하라는 것이다. 그렇게 할 때 예수께서 우리 안에 거하시겠다는 것이고, 그 결과는 열매를 맺는 것이다.
　"For apart from Me, you can do nothing."
　예수님을 떠난다면 우리는 아무 것도 할 수 없다. 이것이 참된 비결의 비밀이다.

　성 오거스틴, 마르틴 루터, 조지 뮐러, 워치만 니… 이분들의 전기와 그분들의 삶에 대한 글들을 읽어보면 일반적인 사람들이 살지 못했던 삶을 산 것을 알 수 있다. 이러한 영적인 별들과 같은 앞선 신실한 믿는 이들이 이런 삶을 살 수 있었을 뿐 아니라 앞선 글에서 예수님을 영접한 몇 분의 사례에서 본 평범하고 일상적인 삶을 통해 볼 때, 포도나무에 연결되어 그분 안에 거할 때, 사랑할 수 없는 사람을 사랑하게 되고, 그다지 기쁘지 않던 삶이 기쁘게 느껴지고, 참을 수 없는 성질과 괴팍한 기질들에서 구원받게 되는 것을 알 수 있다.

오래 전 의학도서관에 자주 들를 일이 있었다. 그때 사서 분이 내게 크리스천이냐고 물으셨다. 그렇다고 답하였는데, 친숙한 사람이 아니면 묻기 쉬운 질문이 아니어서, 그럼 사서님도 믿는 분이냐고 되물으니 아니라는 것이었다. 이런저런 이야기를 나누다 성경을 같이 읽고 하나님에 대해 알아보시겠냐고 제안하였더니 친한 친구와 함께 같이 하시겠다고 하여, 그 이후로 매주 한 번씩 성경을 읽고 교제를 나누었다.

그러던 어느 날 내게 어떤 남편이 자기 아내를 구타하는데, 그 여인이 남편과 계속 살아야 하느냐고 물었다. 그 정도가 심하였는데 밥상을 차려주었을 때 발로 밥상을 차 버리고 젓가락으로 살기 등등하게 찔러버리려 하여 아내 되시는 분이 도망가기도 하였으며, 주먹으로 때려 얼굴에 멍이 들어 선글라스를 끼고 직장에 가야 하는 일이 여러 차례였다는 것이다.

그 이야기를 듣고 나는 마음속으로 당장 그 남자와 이혼해 버려야 한다고 말하고 싶은 것이 목구멍에까지 올라왔으나, 주님께 기도해보고 답변을 드리겠다고 하였다. 이 문제를 가지고 하나님께 나가 기도하는데 주께 하듯 네 남편에게 순종하라는 말씀이 계속 떠올랐다. 다음 번 모임에서 그분께 비록 남편이 그리하더라도 하나님께서 그 남편을 머리로 주셨으니 순종하는 것이 좋겠다고 말씀드렸다. 이렇게 말하면서도 그것이 가능할까 하는 의문이 내 마음속에 있었다.

한동안 시간이 지난 후 성경 추구 모임에서 그 사서 분이 자신의 이야기를 들려주었다. 일전에 언급했던 매 맞던 아내가 바로 자기였다는 것이다. 그런데 그 남편이 최근 들어 자기를 때리지 않는다는 것이었고, 이어서 한 말은 "남편이 한두 마디 해도 말대꾸를 하지 않게 되던데요."라고 하시는 것이었다.

알고 보니 과거 남편이 한두 마디 하면 두세 마디로 답변하고 남편이 서너 마디 하면 일곱 여덟 마디로 말대꾸하곤 하였는데, 사리와 논리에 딸리는 남편이 그 다음에는 주먹질을 하였다는 것이다. 이런 일들이 너무 괴로워 당시 슬래브 집 옥상에 올라가 밤에 주님께 기도드리고 주 예수님을 불렀다는 것이다. 그러다 보니 언제부터인가 남편이 한두 마디 해도 말대꾸하고 싶은 생각이 들지 않게 되었고 그런 이후로 남편이 자기를 때릴 일이 없게 되었다는 것이다. 그럴 뿐 아니라 이전에 하나님 믿는 사람들을 싫어하던 남편이 자기를 위해 기도해 달라고까지 한다는 것이었다.

포도나무이신 주님께 어떤 형태로든 우리가 붙어 있고, 그분께 우리 존재 깊은 속에서부터 돌이키고, 그분을 붙들 때, 이전에 없었던 삶의 평강과 기쁨과, 우리가 얻어온 모든 것들의 의미가 살아나게 되고 살맛이 있게 된다는 것이, 이런 삶을 살아본, 오늘 당신 곁을 지나치는 평범한 우리 이웃들로부터 들을 수 있는 산 진리의 말들이다.

철학과 진리와 고매한 사상은 딸 수 없는 별님들과 달님들이 아니라, 오늘 밥상에 오른 음식과 같이 일상생활에서 누릴 수 있는 것들이어야 한다.

33   필터 교환 언제 하셨나요?

내연기관이 달린 자동차와 우리 몸은 유사한 부분이 있다. 외기가 에어 필터를 거쳐 자동차 엔진 안으로 들어가면 휘발유와 혼합되어 점화 플러그를 통해 폭발을 일으키게 되며, 이 힘으로 엔진이 돌아가고 배기가스가 배출되면 새로운 주기로 넘어가게 된다.

엔진의 상하운동의 힘이 바퀴로 전달되어 자동차가 움직이게 된다. 외기가 엔진 안으로 들어갈 때 먼지가 함께 들어가면 혼합가스의 폭발에도 영향을 주겠지만, 엔진 안에 마모를 심하게 일으킬 테니, 이 에어필터는 주기적으로 갈아주도록 되어 있는데, 대개 엔진오일을 교환할 때마다 갈아주라고 정비소에서는 말하곤 한다.

우리 몸은 외기에서 들어오는 산소가 혈중에 녹아들어 와 피속에 순환하는 에너지원인 포도당과 같은 영양소와 함께 근육에 전달되면 근육에서는 크렙스 회로(Kreb's cycle)를 이용한 세포호흡과정을 통해 ATP를 발생시키고 이는 근육을 움직이는 원동력이 되어 운동을 수행하게 된다. 자동차의 엔진은 하나이지만 우리 몸의 엔진은 수많은 세포들로 구성되는 셈이다. 포도당이 산화되어 에너지를 발생시키면서 물과 이산화탄소를 생성하고, 이산화탄소는 정맥피에 녹아들어 가 폐를 통해 외기로 배출된다.

그런데 우리 몸에는 에어 필터가 있을까?

자동차에 에어 필터가 없다면 엔진의 내구성은 현저히 떨어져 수명을 다하지 못하게 될 것이다. 우리 몸은 어떻게 되어 있을까? 우리 몸에는 호흡기관에 코로부터 시작해서 기도의 물리적 구조, 끊임없이 입 쪽을 향해 움직이는 기관지 내면의 섬모 세포들 그리고 마지막으로는 폐포의 대식세포들이 에어필터 역할을 해준다.

이러한 호흡기관의 먼지를 걸러주는 방어 시스템이 작동하지 않는다면 우리 폐는 먼지로 가득 차게 되어 벌써 유명을 달리하였을 것이다. 그런데 우리 몸의 에어 필터의 사용주기는 죽을 때까지이다. 물론 병적 상황에 빠져 폐 이식을 해야 하는 아주 드문 경우들을 제외하고 말이다. 평생 에어 필터 교환할 필요 없이 우리 몸의 내연기관은 오늘도 달리고 있다.

시편 139편을 쓴 분은 아마도 현대 해부학과 생리학을 공부한 듯 다음과 같은 묘사를 하고 있다.

"주께서 내 장기들을 지으시며 제가 어머니의 태에 있었을 때 저의 몸을 짜 맞추셨습니다. 제가 주님께 찬양하는 것은 저를 지으심이 오묘하고도 놀랍기 때문입니다. 주님의 행하심이 놀라운 것임을 제 영혼이 잘 아나이다."

의과대학에 들어와 해부학과 조직학과 생리학을 공부하고서야 깨달은 것을 수천 년 전에 이 글을 쓴 분은 어떻게 깨달았을까? 그것이 궁금하다.

34   외과의사와 개혁

|

의과대학 학생 시절의 이야기이다. 본과 3~4학년이 되면 임상실습을 하게 되는데, 교실 안에서만 공부하던 것에서 병원의 최일선 현장으로 나와 학생 의사로서 의학을 실재적으로 배우게 된다. 임상의사란 환자의 침대 옆에서 선배 의사들에 의해 전수된 의술을 배우고 또한 환자 한 사람 한 사람으로부터 배워가며 머릿속의 이론만이 아닌 다양한 사람들로부터 발생하고 진행하는 실재의 질병을 다루는 의사라는 뜻이다.

의과대학을 졸업했지만 임상의사가 아닐 수도 있다. 임상 경험 없이 해부학, 생리학과 같은 기초의학을 전공하거나 의료관리학이나 역학을 전공하거나 하면 임상의사라고 할 수 없다.

한 임상의사가 되는 데는 많은 이야기들과 역사가 깃들어 있게 된다. 수많은 환자와 가족을 대하며, 발생하고 전개되는 다양한 이야기 속에 의사는 매번 환자를 위한 최선의 답을 찾아나간다. 그 과정에서 때론 알지 못하는 상황에 부딪히기도 하고, 때론 어떤 사실을 간과하기도 한다. 사람이 하는 일이기 때문이다.

이 글을 읽는 분들은 사람의 생명이 달린 일인데 어찌 그럴 수 있냐고 말하겠지만 의사도 사람이기 때문에 실수를 하게 되기도 한다. 의사가 되는 수련 과정에 한 치의 실수도 하지 않도록 훈련받고 극도로 집중하고 긴장하며 환자를 대하도록 훈련받지만 그럼에도 불고하고 실수나 과오가 발생할 수 있다.

　이 점에 있어서 우리는 솔직해져야 한다. 명의라는 뜻은 그의 손에 많은 사람이 유명을 달리하였다는 것을 의미한다는 말도 있다. 한 사람의 명의가 탄생하기까지는 그 과정에 그의 손에 많은 환자들께서 돌아가셨다는 뜻이다. 실망스러우실지 모르겠지만 이것이 의학이다.

　미국의 의학원(Institute of Medicine)의 "To err is human."이라는 제목의 연구 보고서가 1999년 발표되면서 미국 사회와 의료계가 발칵 뒤집어졌다. 그 보고서의 핵심을 간단히 언급하자면 매년 10만 명가량의 미국인이 의료 과오로 사망한다는 것이고, 이는 미국에서 심혈관질환, 암에 이어 세 번째로 흔한 사망의 원인이 된다.

　이런 연구 결과를 들을 때 어떻게 생각하겠는가? 미국만 그렇고 다른 나라들은 그렇지 않을까? 이러한 연구를 수행한 미국의 의사들에게 경의를 표할 뿐이다. 이것이 미국이고 미국의 힘이다. 있는 것을 그대로 말할 수 있는 나라! 겉으로 볼 때는 총을 쏘고, 할렘 가에 범죄가 득실거리는 나라처럼 비추기도 하지만, 이러한 연구 보고서를 의사들이 발표하는 나라가 미국이다. 그런데 미국이 더 놀라운 나라인 것은 그 다음에 있다.

　우리 같으면 의료과오를 일으킨 의사들을 전수 조사하고 법정에 올리고 처벌하자고 하였을지 모른다. 그런데 이 보고서의 제목이 이렇다. "사람은 실수한다." 좀 더 리얼하게 제목을 번역하면 "사람은 실수할 수밖에 없는 존재이다."라고 할 수 있을 것 같다. 이 제목은 영국 시인이자 풍자 작가인 알렉산더 포프(Alexander Pope)가 쓴 시 〈An Essay on Criticism: Part 2〉 중에 나오는 한 구절인 "To err is human; to forgive, divine."에서 따온 것이다.

　인간은 실수할 수밖에 없고 죄를 지을 수밖에 없는 존재이며, 하나님께서는 그 인간의 죄들, 실수를 용서해 주신다는 뜻인데 결국 사람인 우리는 다른 사람의 죄를 용서하는 마음을 가져야 한다는 뜻일 것이다. 그리고 '더 안전한 의료시스템 구축'이라는 부제를 달았다. 즉 어떤 개개인 의사의 과오를 단죄하고 시시비비를 가리는 데 에너지를 쏟는 것이 아니라 의료시스템을 정비하여 보다 안전한 진료가 이루어지는 환경을 만들어 나가자는 이야기인 것이다. 이것이 미국이다.

　다시 나의 의과대학생 임상실습의 시절로 돌아가 보자. 외과의 임상실습 과정에서 필수적으로 수술 방에 들어가 어시스트를 서야 한다. 이 과정에서 수술 방으로 들어가기 전 꼭 해야 할 일들이 있다. 일단 옷을 갈아입어야 하고, 수술 모자와 마스크를 착용하게 된다. 그 후 수술준비실에 들어가 스크럽(scrub)을 하게 되는데, 스크럽이란 단어의 의미는 북북 문질러 닦는다는 뜻이다.

　비누와 물, 그리고 베타딘과 물, 사이사이 솔질. 이런 과정을 통해 특히 손을 집중적으로 씻게 된다. 물은 무릎으로 틀고 끌 수 있는 장치가 되어 있다. 스크럽 이후 손이 조금이라도 오염된 물체에 닿게 되면 원위치하게 된다. 스크럽 후에는 간호사의 도움으로 소독된 수술 가운을 입게 되고 최종적으로 소독된 수술 장갑을 착용하면 일단 준비가 다 된 것이다.

　처음 이 과정을 배우고 처음으로 수술 방에 들어갔는데 그날 집도의이신 M교수님과 간호사들이 나를 보고 와하하 하고 웃어 댔다. 스크럽 도중 상의를 다 물로 적신 상태로 수술 방에 들어갔기 때문이다. 병아리도 이런 병아리가 없었으리라. 이 모습이 귀여웠던지 수술 방은 웃음바다가 되었다.

수술로 제거해야 할 한 환자의 병소에 접근하기 위해 외과의사가 하는 일은 먼저 자신을 철저히 준비하는 것이다. 철저히 준비하지 않은 채 환자의 문제를 만지려 했다가 수술 부위에 감염이라도 일으키게 되면 자칫 환자의 생명을 잃게 할지도 모를 일이다.

사회의 곪은 부분, 제거해야 할 병소가 있을 때 어떻게 접근해야 하는가? 먼저 외과의사로부터 배워야 한다. 이를 다루려는 사람은 먼저 자신을 깨끗이 하여야 한다. 그렇지 않다면 자신의 오염된 부분으로 말미암아 일 전체를 망가뜨리게 될 수도 있기 때문이다. 그런데 문제는 그 사람이 외과 수술 의사처럼 깨끗하게 철저히 처리된 사람들이 많지 않다는 점이다. 이런 상태에서는 외과의사 식의 접근은 매우 위험하게 된다.

따라서 두 번째 방식이 필요하다. 앞서 의료과오로 인해 의료계와 사회에 일어난 크나큰 문제에 접근하는 미국의 자세에서 우린 두 번째 방법을 배울 수 있다. 지적하고 단죄하고 강요하는 방식이 아니라 문제를 드러내고 이러한 문제가 생긴 원인들을 철저히 분석하고 그런 문제가 생기지 않도록 사회가 힘을 모아 시스템을 구축하는 것이다.

우리나라도 심사평가원을 통하여 도입하여 운영하고 있는, 약제 투여에 의한 사고를 방지하는 시스템으로 DUR(Drug utilization review) 제도를 도입하는 방식과 같은 것이다. 약물의 중복, 사용 금기, 용량 과다 같은 처방 시의 위험 요인을 컴퓨터 시스템에서 경고 메시지를 줌으로써 피할 수 있는 약제 부작용을 회피하도록 시스템으로 돕는 방식이다.

우리나라 사회에서는 과거의 실수, 어쩔 수 없이 행하였던 과거의 일들에 대해 단죄와 보복이 순환하듯 반복되고 있다. 문제는 다 드러나게 하되, 용서하며 같은 문제가 반복되지 않도록 사회 제도화하여 전진해 나가는 사회를 이룰 필요가 있다.

> 그들이 끈질기게 묻자, 예수님께서 몸을 일으키시며 그들에게 말씀하셨다. "여러분 중에 죄 없는 사람이 먼저 그 여인에게 돌을 던지십시오." 그리고 다시 몸을 굽히시어 땅에 글을 쓰고 계셨다. 그들이 이 말씀을 듣고 나이 많은 사람으로 시작하여 하나씩 하나씩 물러가고, 예수님만 혼자 남게 되었으며, 그 여인은 한가운데 서 있었다. (요한복음 8:7~9)

우리는 모두 실수나 과오를 저지를 수밖에 없는 사람들이라는 사실을 잊지 말자. 오늘 내가 던진 돌은 내일 다른 사람들이 내게 던질 수 있는 돌이다. 지난 과오는 용서하되, 반복하지 않는 사회를 다 함께 만들어 가길 소망한다. 우리 사회는 개선되고 더 멋진 사회가 될 가능성이 넘쳐난다.

참고:
1. An Overview of To Err is Human: Re-emphasizing the Message of Patient Safety - Patient Safety and Quality -Kohn LT, Corrigan JM, Donaldson MS, editors. To err is human: building a safer health system. Washington, DC: National Academy Press, Institute of Medicine; 1999.
2. Alexander Pope | Poetry Foundation
https://www.poetryfoundation.org/poets/alexander-pope

35   흙 속에 감추어진 보물

> 천국은 마치 밭에 감추어진 보물과 같습니다. 어떤 사람이 그 보물을 발견하고는 숨겨 두었습니다. 그리고 기뻐하며 가서, 자기의 모든 소유를 팔아 그 밭을 삽니다. (마태복음 13:44)

예수님께서 밭에 보물이 감추어진 것을 보시고 자신의 전 재산을 털어 그 밭을 사셨다. 오늘날로 보면 '영끌'하여 전 재산 투자하여 부동산 투자를 하신 것이다.

그분은 땅의 티끌 같은 인류에게서 소망을 보았다. 그리고 그분이 가진 모든 것, 자기 자신을 십자가 위에 두셨다. 단 한 가지 이유에서였다. 인류에게서 소망을 보신 것이다. 흙냄새 펄펄 나는 우리가 귀한 보석으로 변화되리라는 소망을. 여기서 보물은 금과 보석과 같이 구원받고 변화된 믿는 이들이며, 밭은 온 땅을 말하고, 자신의 소유를 다 팔았다는 것은 십자가에서 죽기까지 자신을 내어주셨다는 것이다.

그냥 흙이라도 좋으니 나를 그대로 내버려 두라고 하지 말라. 그것은 진흙탕에 기어이 들어가 새로 사준 옷을 더럽히며 놀겠다는, 말 안 듣는 완고한 자녀와 같은 것이다. 오늘날 왜 이다지도 아이들이 부모의 말을 듣지 않느냐고 탓하지 말라. 우리가 하나님

앞에 그런 어린아이들과 같지 아니한가?

　엄하지만 사랑이 가득한 부모의 얼굴을 떠올려 보자. 하나님은 사랑과 소망이 가득한 얼굴로 여전히 진흙탕 속에 놀고 있는 어린아이들을 보듯 우리를 관심하시며 돌아보고 계신다. 친구여, 그분의 얼굴을 그렇게 외면하지 말라.

36 겸허해지기로 하였습니다

K씨는 우리나라 최고의 대학을 나와 대기업이 성장해 나가던 시기에 전 세계를 누비고 다니며 업적을 쌓았지만 60대에 암으로 세상을 떠났습니다. D씨는 보석 가공을 하는 분이었는데 한참 때에 부인이 연약하여 힘들어하면 왜 그리 골골대냐고 호통을 치며 여러 사람 앞에서 자신의 부인을 폄하하는 말을 하곤 하였는데, 오랫동안 흡입했던 돌가루 미세 분말이 폐에 쌓이는 바람에 중년이 지나 폐가 굳어가는 진폐증이 발병하여 호흡 곤란이 심해 자신이 놀려댔던 부인의 수발을 받지 않으면 살 수 없는 처지에 놓이게 되었습니다. 지인이 아는 한 사람은 금융 분야에서 다른 동창들보다 몇 배나 되는 재물을 쌓았지만, 당시 관행으로 여기던 것이 후에 문제가 되어 감옥에 가게 되었습니다.

정상적으로 별 탈 없이 지낸다는 것은 참으로 기적적인 일입니다. '지금까지 난 아무 탈 없이 살아왔는데.'라고 생각하는 분도 계시겠지만 지금까지였지 내일도 모레도 1년 후도 십년 후에도 그러리라는 보장은 아무도 해줄 수 없습니다.

질병만 보더라도 머리털부터 발끝에 이르기까지 질병이 생기지 않는 곳이 없습니다. 어떤 사람은 갑자기 눈이 보이지 않아 병원에 갔더니 눈으로 가는 중심동맥혈관이 막혔다는 청천벽력 같은 이야기를 듣기도 하고, 어떤 사람은 감기가 걸렸다가 나아가는 줄 알았는데 어느 날부터 다리 힘이 빠지더니 걷지도 못하게 되고 급기야 숨쉬기도 곤란해져 인공호흡기를 달게 되었는데 길리안 바레 증후군이란 듣도 보도 못한 질병에 걸렸다고 이야기를 듣습니다. 어떤 사람은 이를 닦다 피가 자주 나는데 잘 멈추지 않아 병원에 갔더니 몸 여기저기에 작고 붉은 반점들이 있는 것을 보게 되었고 특발성 혈소판 감소증이라는 이야기를 듣게 됩니다.

유전적인 질환만 6,000여 가지 질병이 있고, 사람에게 발생하는 수만 가지 질병들이 있으며, 국제질병분류체계에 따르면 7만 가지 질병 코드가 있다고 합니다. 질병뿐만 아니라 상황, 사고까지 치면 우리에게 어느 날 갑자기 닥칠 수도 있는 불운의 가짓수는 셀 수도 없이 많습니다.

다른 말로 하자면 하나님께서 우리를 다루실 수 있는 방법은 수만 가지입니다. 또 다른 말로 하면 우린 너무나도 취약한 존재로 하늘 아래 땅 위에 스스로 존재할 수 있는 존재가 못 됩니다. 지금까지 잘 나가며 승승장구하였다고 목을 뻣뻣하게 세우고 다닌다면, 그대는 몰라도 너무 모르는 것입니다. 하나님이 어떤 분이신지도 모르고 자신이 어떤 존재인지도 모르는 무지한 사람입니다.

살아 계신 하나님의 손에 떨어지는 것은 두려운 일입니다.
(히브리서 10:31)

하나님께서는 오랫동안 기다리고 참으십니다. 그러나 일단 어떤 것을 성취하고자 그분이 손을 펴시고 다루시기 시작하면 아무도 그 손길을 막을 수 없습니다. 하나님께서 얻고자 하시는 것을 정확히 얻으시도록 협력해드리는 것이 현명한 처사입니다. 성경에 하나님께서 하시고자 하시는 일을 허락하지 않고 완고하게 대한 한 사람의 이야기가 나옵니다.

이집트의 파라오 중 한 사람이었습니다. 그 사람은 이스라엘 백성을 인도하여 광야로 가서 하나님을 섬기게 하시려는 하나님의 뜻에 맞섰습니다. 모세는 하나님의 편에 서서 하나님의 백성을 이집트에서 인도해 나가고자 하였으나 파라오는 이에 대항하여 이스라엘 백성이 가도록 허락하지 않았습니다. 하나님은 여러 가지 재앙들을 이집트에 보내시고 드디어는 이집트 신하들이 "이집트가 망한 것을 아직도 모르시겠습니까?"라고 말할 정도로 황폐하게 된 다음 장자들을 치시는 재앙을 더한 후에야 이스라엘이 가도록 허락하게 됩니다.

하나님의 손에 떨어지게 되는 것은 참으로 두려운 일입니다. 누가 주(Lord)입니까? 누가 주권자입니까? 누가 정하는 것입니까? 누가 토기를 구울 때 몇 도의 온도로 며칠 몇 시간을 구울지 정하는 것입니까? 우린 다만 하나님 앞에 엎드려 하나님의 긍휼하심과 그분의 은혜를 구해야 합니다.

그러나 하나님께서 그분의 손을 펴시는 것은 우리로 하여금 고통에 빠져 있거나 실의에 빠져 살도록 하시려는 것이 아닙니다. 오랫동안 하나님을 떠난 무의미한 삶을 살던 사람에게, 하나님과 관계없이 살던 바로 그에게 하나님께 돌이키라는 메시지입니다. 하나님께 나아와 그분께 의탁하고 그분을 앙망하고 그분과 정상적인 관계를 맺도록 인도하시는 그분의 손길입니다. 친구여, 성경은 이것을 회개라고 부릅니다. 하나님을 멀리 떠나 살던 것에서 돌이켜 하나님을 향해 사십시오.

37   고난은

성경에 따르면 사람은 흙으로 지어졌다. 다시 말해 타고난 인간의 본질은 흙이다. 아담이 타락한 후 하나님께서는 사람에게 너는 흙이니 흙으로 돌아가리라고 말씀하셨다. 그러나 이 흙인 사람은 그리 간단하지 않다. 그는 하나님의 형상을 따라 그 모양대로 지어졌기 때문에 그 안에는 무언가 합당한 사람다움을 추구하고자 하는 고유의 본성을 지니고 있다. 그 고유의 본성은 신성한 속성과 멀지 않아, 사람들은 '의'를 추구하거나 '성실', '신실함', '순결함', '선함', '고결함'과 같은 미덕들을 추구하고자 하는 갈망을 지닌다.

또다시 성경에 따르면 사람은 그릇으로 지어졌다. 다시 말해 사람은 기능상 그릇이다. 그릇의 용도는 무언가를 담는 데 있다. 세상에서도 사람의 그릇됨을 따지곤 한다. 그릇이 크다느니 작다느니 하면서 말이다. 어떤 사람은 온 세상을 담을 만큼 크다. 또 어떤 사람은 자가 자신 한 사람 담을 만큼도 안 되는 작은 그릇인 것처럼 보이기도 한다. 이 그릇은 '무엇을 담을 만큼 크냐?'도 중요하지만 '그릇 자체가 정결하냐?'도 이에 못지않게 중요하다. 그릇의 정결함의 정도는 그 사람의 존재가 어떠냐 하는 문제이고 큰 그릇이지만 그 존재가 합당하지 않아 훗날 일을 그르치게 되는 경우도 왕왕 있다.

지금까지 언급한 두 가지 사항을 합해보면 사람은 흙으로 만들어진 그릇이다. 사람들은 태어나 자라면서 학창시절을 통해 그의 그릇됨을 예비하게 된다. 사람이 스스로 할 수 있는 것은 흙의 본성이 변하지 않으면서 가장 유용한 그릇이 되도록 정진하는 것이고, 그 정점은 질그릇이 되는 것이다. 질그릇은 흙의 본성이 남아 있으면서 흙으로 만든 그릇으로는 가장 단단하고 견고한 그릇이다. 어떤 사람은 흙으로 그릇의 형태를 만들었지만 견고하지 못해 물이 부어지는 것 같은 조그마한 환경에도 무너져 내릴 수 있다.

어느 날 타고난 흙인 이 사람이 하나님을 만나게 되면, 그의 인생에 주 예수님을 구주로 영접하게 되면, 이 사람은 두 번째 출생, 그러니까 하나님의 생명으로 다시 태어나게 된다. 성경은 이를 가리켜 거듭남이라고 한다.

거듭남은 그리 어려운 것이 아니다. 예수님께서 우리를 구원하러 오신 분이심을 받아들여 구원의 주로 믿고 입으로 시인한다면 우리는 신성한 출생을 갖게 된다. 처음 태어나 사람이 된 것처럼, 두 번째 태어나 하나님의 자녀가 되는 것이다. 이렇게 될 때 본성이 바뀌어 산 돌이 된다. 성경은 믿는 이들이 산 돌들로서 성전으로 건축된다고 말하고 있다. 흙에서 돌로 변화되는 것이다. 베드로의 원래 이름은 시몬이었는데 그가 예수님께 인도되어 왔을 때 주님은 그의 이름을 '돌'을 의미하는 이름인 헬라어 Πέτρος(베드로)로 바꾸어 주셨다. 리빙스톤은 성경에 나오는 '산 돌'의 의미를 가진 이름이다.

질그릇 이야기를 다시 계속해보자. 흙으로 빚어진 그릇을 적절한 고온으로 적당한 기간 굽게 되면 이 흙의 성분이 결정화되며 도자기가 된다. 도자기가 된 이 그릇은 더 이상 흙의 본성을 따르지 않게 된다. 아무리 물을 부어도 무너지지 않고 심지어 물을 담아 수개월간 두어도 새어 나가지 않는다. 돌과 같이 변화된 것이다.

토기장이가 같은 진흙덩이로 하나는 귀하게 쓸 그릇을, 하나는 천하게 쓸 그릇을 만들 권위를 가지고 있지 않겠습니까?
(로마서 9:21)

하나님은 토기장이이시다. 그분은 우릴 흙으로 지으셨다. 처음 빚으신 사람은 흙으로 만들어진 토기와 같았다. 이 토기였던 사람은 하나님을 떠나 더럽혀졌지만 어느 날 하나님의 긍휼과 사랑으로 이 사람이 주 예수님을 구주로 영접하여 하나님의 생명으로 다시 태어나게 되었다. 이때부터 토기장이이신 하나님은 거듭난 이 사람을 적절한 과정을 통과하게 하셔서 점차 산 돌들로 변화시키시고 또 열과 압력을 통과할 수 있도록 인도하셔서 결국 보석들로 변하게 하신다. 보석들은 마그마 같은 고온의 환경들 주변의 돌들이 열과 압력을 받아 결정화되면서 변화된 산물임을 기억하자. 최고의 명장이신 하나님은 그저 그런 그릇들로 우릴 만드실 의향이 없으시다.

우리는 하나님의 걸작품입니다. 그리스도 예수님 안에서 선한 일들을 위하여 창조되었습니다. 이 선한 일들은 하나님께서 미리 예비하신 것으로 우리가 그것들을 행하도록 하기 위한 것입니다.
(에베소서 2:10)

하나님께서는 우리 한 사람 한 사람이 걸작품이 되도록 빚고 과정을 통과하게 하고 계신다. 도자기를 생성하는 과정에서 몇 도로 며칠간 구울지는 도공이 결정한다. 그릇 입장에서 불가마 속에 들어간다는 것은 반가운 일이 아니다. 온도가 조금이라도 낮았으면 좋겠고 그 기간도 짧을수록 좋겠다고 생각한다. 그런데 그 온도와 그 날수를 정하는 것은 우주 최고의 명장이신 하나님이시다. 우리가 그분께 자신을 내어 맡길 때 불을 통과하고 나온 우리의 모습은 그 이전과 다를 것이다. 신비한 푸른빛이 도는 청자가 될지, 순백의 백자가 될지, 붉은빛이 도는 진사도자기가 될는지, 두드릴 때 얼마나 맑은 소리를 내게 될지 우리는 모르지만 어느 날 가마에서 꺼내어진 우리가 서로를 보게 될 때 우리는 모두 놀라며 말할 것이다. "그대는 너무나도 아름답습니다."라고 말이다.

우리가 받는 환난은 일시적이고도 가벼운 것인데, 이것은 우리를 위하여 비교할 수 없을 정도로 영원하고도 중대한 영광을 이루어냅니다. (고린도후서 4:17)

추가로 참고할 성경 구절: 창세기 1:26, 2:7, 3:19, 로마서 9:21~23, 디모데후서 2:20, 요한복음 1:42, 3:3~8, 베드로전서 1:23, 2:5

38 약값과 윤리

척수 근위축증은 유전적 질환으로 질병의 유형에 따라 신생아시기에 사망하거나 운동신경의 기능 소실로 심한 근위축이 초래되어 걷거나 설 수 없는 상황을 초래하기도 한다. 최근까지만 해도 재활이나 보존적 치료방법 외에는 다른 손쓸 방법이 없었으나, 의학의 발달로 적절한 시기에 발견되면 근치적인 치료나 질병의 현저한 개선을 기대할 수 있는 약품들이 개발되어 상용화되어가고 있다. 문제는 약값이다. 약제에 따라서는 한 환자의 치료에 매년 4~5억 원의 약값이 든다. 최근 이 질환에 한 번 투약만 해도 되는 약이 개발되었는데 예상 약값이 20여 억 원가량 된다.

IQVIA연구소에 따르면 미국 기준으로 2017년 새로운 항암제들의 1년 치료비용의 중앙값이 1년에 1억 8천만 원을 넘어섰다. 이번에 혈액암 치료로 개발된 CAR-T세포 치료제인 킴리아는 일인당 치료비용이 4~5억 원 정도 들 것으로 예상하고 있다. 고가 신약들의 약값 상승률은 경제성장률을 훌쩍 뛰어넘고 있다. OECD의 보고서에 따르면 2030년이 되면 대부분의 OECD국가에서 의료비지출 증가가 GDP 성장률을 앞지를 것이라는 전망이다. 이런 추세라면 건강보험을 포함한 우리의 보건의료체계는 지속 가능할까?

『국부론』을 저술한 아담 스미스에 의하면 우리가 식탁에서 소고기와 빵과 채소를 먹을 수 있는 것은 농부들의 이기심에 의한 것이라고 한다. 많은 경우 우린 이타심을 기대하겠지만 타인에게 이타심을 요구하며 나에게 필요한 생필품을 제공해달라고 요구할 수는 없는 것이다. 그런 마음은 사실 자기중심적 사고에서 나온 것이리라. 따라서 우린 막연히 제약사에게 환자들을 위해 그동안 해결하지 못한 난제들을 풀고 혁신적인 치료 약제를 개발해내라고 요구할 수는 없다. 자발적으로 그런 마음을 먹는 기업인이 있다면 그야말로 감사할 일이겠지만.

그런데 아무리 이해하려 해도 약값이 현실적으로 너무나 고가이다. 소고기와 빵과 채소의 가격을 사먹을 수 없을 정도로 올린다면 어떻게 해야 할까? 아담 스미스는 가격은 보이지 않는 손에 의해 결정되고 소고기와 빵과 채소의 가격을 결정하는 생산자의 경제적 이기심은 사회도덕의 한계 내에서 이루어질 것으로 보았다. 그의 앞선 저서 『도덕 감정론』에 따르면 사람들 안에는 참되고 공정한 관찰자(the real and impartial spectator)가 존재한다는 것이다. 그렇다면 약가(藥價) 결정에서 의사결정자들 안에 이러한 '참되고 공정한 관찰자'가 잘 작동하고 있는 것일까?

획기적인 약을 개발한 제약사가 약값을 한 번 치료에 2억~25억 원에 해당하도록 책정할 때, 수십 조 원의 예산을 운용하는 보험사가 존재하지 않았다면 그들은 환자들과 대중 앞에 그 비용을 제시하였을 것이고, 상상할 수 없는 고액의 비용 책정에 대해 사회로부터 직접적으로 윤리적인 비난에 직면하였을 것이다.

그러나 대부분의 주요 국가들에서는 거대한 예산을 집행하는 의료 보험자와의 계약에 의해 약값이 결정되므로 대다수 사람들은 이러한 문제에 직접 직면하지 못하고 제약업계는 윤리적 문제를 회피해 나가게 된다. 다시 말해 고가의 약값을 책정하고도 대중으로부터 받을 윤리적 비난을 비켜가게 되고, 보험의 의사결정자들은 특히 다른 치료적 대안이 부족한 미충족(unmet) 의료의 경우, 전전긍긍하며 을의 위치에서 끌려갈 수밖에 없다. 왜 환자들의 고통을 돌아보지 않고 이렇게 좋은 약을 보험에서 급여해주지 않느냐는 비난이 보험자에게 향하게 되기 때문이다. 정작 초고가의 약값을 책정한 제약사는 사회로부터의 직접적인 윤리적 비난의 대상에서 일단 비켜나가게 된 구조가 마련된 것이다. 이것은 우리나라에 국한된 문제가 아니라 국제 무역질서체계 하에 편입된 국제사회의 전반적 문제이다.

이러한 복잡해진 구조 속에서 제약회사의 윤리는 어디에 있을까?

자유시장 체계에서 사회가 감내하기 어려운 시점이 되면 무언가 새로운 대안을 필요로 하게 될 것이다. 사회가 약값을 책정하는 시스템, 즉 개발비용과 제품 생산 유통에 들어갈 전반적인 비용들을 반영한 적정한 가격을 결정해주는 사회 공동의 가격결정 구조 시스템, 이런 것이 필요하지 않을까? 농부 안에 참되고 공정한 관찰자의 역할이 작동하기 힘들다고 생각될 때 사회가 그 역할을 맡아야 할 시대가 도래할지도 모르겠다.

39   맞춤복인가, 기성복인가?

|

사복음서에 보면 다양한 사람들이 예수님을 만나는 장면들이 나온다. 그런데 각 사람을 대하시는 예수님의 접근 방식과 말씀이 다 다른 것을 볼 수 있다. 매번 사람을 대하실 때 각 사람의 상황이 다른 만큼 대하시는 것도 일률적이지 않으셨다.

한때 의료시설에 접근하기가 수월치 않던 시절, 연로하신 어떤 분에게는 붙이는 파스가 만병통치약이었다. 무릎 아프면 무릎에, 배 아프면 배꼽에, 머리 아프면 이마에 파스를 붙이곤 하시면서 다른 이들에게도 당차게 추천하시곤 하셨다고 한다. 나도 들은 말이니 진위는 알 길이 없는데 자신이 효험이 있다고 체험한 것을 자신 있게 모든 것에 적용하니 위약(placebo)의 효과 정도는 있었을 것이다.

그런데 이 우스운 원칙이 사실상 사회생활에서 대부분의 사람들에게 그대로 적용되고 있다. 아이들을 키울 때 우린 각 자녀들의 다른 특성을 고려하여 대하였는가? 용한 과외 선생님, 학원 선생님 소문을 듣고 그대로 아이들에게 강요하다시피 요구하지 않았던가? 부부 간에 대할 때도 상대를 살피고 그의 상황을 고려나 하였던가? 내 생각에 옳은 대로 요구하고 판단하고 심지어 다투기까지 하지 않았던가? 학교생활에서, 직장생활에서, 가정생활에서,

심지어 종교생활에서 우린 자신이 들어오고 배워오고 체험하여 형성된 관념의 잣대로 사람들을 측량하고 정의하고 심판하기까지 하며 자신만의 특효약 '파스'를 강요하지 않았던가?

다른 이는 병들었을 때 찾아가셨으나 나사로는 죽고 장사 지낸 다음에야 찾아가셨다. 우린 누이 마르다와 같이 병들었을 때 주께서 오셨어야 문제가 해결될 수 있었다고 생각하겠지만 주님은 그 사람에게 가장 적합한 때에 적합한 방식으로 찾아가신다.

어떤 눈먼 이는 다만 말씀하심으로 눈을 뜨게 하셨지만, 어떤 눈먼 이에게는 흙을 침으로 이겨 눈에 발라주시고 실로암 못에 가서 씻으라 하셨다. 부활하신 후 제자들에게 나타나셨을 때 베드로에겐 나를 따르라 하셨으나 요한은 머무르게 두셨다.

예수님께서 이 말씀을 하신 것은 베드로가 어떠한 죽음으로 하나님을 영광스럽게 할 것인지를 알리신 것이다. 예수님께서 이 말씀을 하시고 베드로에게 "나를 따라오십시오."라고 말씀하셨다. 베드로가 돌아서서 보니, 예수님께서 사랑하시던 그 제자가 따라오고 있었는데, 그는 저녁식사 자리에서 예수님의 가슴에 기댄 채 "주님, 주님을 배반할 사람이 누구입니까?"라고 여쭈던 사람이었다. 베드로가 그를 보고 예수님께 "주님, 이 사람은 어떻게 되겠습니까?"라고 하니, 예수님께서 그에게 말씀하셨다. "내가 올 때까지 그를 남아 있게 하고자 한들, 그것이 그대와 무슨 상관이 있습니까? 그대는 나를 따라오십시오." (요한복음 21:19-22)

모든 것을 규정화하고 일률적이길 요구할 때 이미 우린 틀에

박힌 종교적인 사람이 된다. 하나님을 믿는 것이, 살아계신 주 예수님을 우리의 구주로, 생명으로, 생수로 생명의 떡으로, 모든 필요로 받아들이는 것이, 성령을 따라 사는 것이 어찌 종교라 하겠는가? 생생하게 살아나가는 생활, 삶이 아닌가?

40   이차 이득

　　　　　큰 아이가 중학교 2~3학년 시기이니 15년 전쯤 이야기이다. 지하철 두 개 노선이 지나고 있는 교통 편의시설이 좋은 지역에 살다가 자녀교육을 위해 학원이 밀집된 지역으로 이사를 가게 되었다. 당시 살던 곳은 교통이 편하긴 하였지만 주변이 술집과 유흥가 그리고 실내경마장 등의 시설들이 많아 자녀를 키우기에는 적합하지 않다는 생각이 들었고, 당시 비교적 면학분위기가 형성되어 있는 곳으로 옮기기로 한 것이다. 부부가 다 직장을 다니다 보니 자녀 교육에 정보가 없어서 그랬는지, 그 이전에는 많은 자녀를 둔 사람들이 그렇게 한다는 것을 알지도 못하였었다.

　　무리해가며 중계동으로 옮겼고 아이를 그곳에서 유명한 K영어학원에 다니도록 했다. 많은 학부모들이 그렇게 했던 것처럼 그렇게 하면 아이에게 해줄 것을 해준다고 생각하였기에 안도의 숨을 내쉬었다. 그런데 저녁에 직장에서 돌아와 보니 아이가 방에서 무언가를 끙끙대면서 하고 있었다. 왜 그런가 하여 어깨너머로 보니 백 개의 영어 단어가 적힌 프린트 물과 씨름하고 있는 것이었다. 깜짝 놀란 나는 이것이 무엇이냐고 물었더니 학원 숙제란다. 매일 백 개의 영어 단어를 외워가야 한다는 것이었다.

　　좀 이상하다 싶어 아이가 학원에 가 있을 때 그 학원을 방문해

보았더니 수십 명의 학생들이 방안에 조밀하게 앉아 있었고 선생님은 보이지도 않았으며 아이들은 단어장을 놓고 아이가 씨름했던 것 같이 영어 단어들을 외우고 있었다. 내가 중고등학교 때 학교나 학원에서 공부했던 것과는 상당히 다른 모습이었다. 그런데 복도에는 이 학원을 통해 유수의 대학에 들어간 아이들의 이름과 출신 고등학교 이름들이 즐비하게 적혀 있었다.

머리를 스치며 드는 생각은 '학원이라는 곳이 소수의 상위 몇 프로에 해당되는 학생들에 대해 심혈을 기울이고 나머지 아이들은 들러리구나. 그래서 상위권 학생들이 좋은 대학에 들어간 것은 이 학원의 브랜드 네임을 높여주고, 나머지 아이들은 그것을 보고 한밤중 불에 달려드는 나방들처럼 그저 모여들어 우글거리고 있구나. 나 같은 바보 부모들은 그것도 모르고 아이를 학원에 보내고 부모의 도리를 다했다며 자족하고 있었구나.' 하는 것이었다.

한 번의 장면만 보고 판단하는 것이 섣부른 것이겠지만 하나를 보면 열을 안다고 했던가? 무언가 배신감 같은 것이 느껴졌다. 그리고 그 학원을 더 이상 다니지 말라고 하였다. 아무런 대책도 없이.

중학교 들어가며 적성검사나 인성검사 같은 검사들을 해보면 큰 아이는 감수성, 창의성은 최고의 수치를 보이나, 암기는 중간 정도의 수치가 나오곤 하였다. 우리나라 교육이 아직도 암기 위주인데 큰일이다 싶었다. 게다가 중2 때 미국 캘리포니아 주 어바인에 있는 학교의 여름 캠프에 참여할 기회가 있었는데 짧은 기간이었지만 그곳의 학교생활이 아이에게는 너무나 잘 맞았다. 교장선생님은 일본계 미국인이었는데 진정으로 아이들의 인성을 돌보고 아이들을 참으로 관심한다는 느낌이 들었다. 그러나 혈혈단신으로 여자 아이를 혼자 미국으로 유학 보낼 수는 없는 일이었다.

딸아이를 한국에서 키워야 하나 외국에서 키워야 하나 고민하던 중에 지인 중 한 사람의 여동생 부부가 뉴질랜드에 사는데 너무 환경이 좋다는 것이었다. 그 여동생의 어린 자녀 중 한 아이가 자폐 경향이 있었는데 나라에서 돌보아 주는 것이 너무도 세심하여 크나큰 도움을 주었고 그 외에도 사회적 돌봄이 그 부부의 마음을 깊이 감동하게 하였는데, 어른이 되어 뉴질랜드로 이민 갔는데도 뉴질랜드 국가가 흘러나오면 자기도 모르게 눈물이 나온다는 것이었다.

많지도 않은 휴가를 끌어다가 부부가 뉴질랜드 행 비행기에 올라탔다. 당시 이와 같은 문제로 같이 고민하던 세 가정이 있었는데, 우리 부부가 일단 선발대로 뉴질랜드를 탐방하고 오기로 하였다. 한국인 여성분을 가이드로 하여 우리의 의도를 알려드렸더니 학교 교육을 중심으로 안내를 받게 되었다.

이민을 고려했기 때문에 그녀는 거주할 공간도 안내해주었다. 단독주택 단지를 조성하고, 지어진 집들 중 한 집을 모델하우스로 공개한 곳도 여러 군데를 데리고 갔는데 그냥 귀국하지 않고 뉴질랜드에 눌러 살고 싶다는 생각이 굴뚝같이 올라왔다.

어떤 이층집은 일층에서 엄마가 음식을 다 준비하면, 벨을 울리면서 2층에 있는 아이들에게 "식사 다 준비되었으니 내려들 와." 하면 아이들이 "네." 하고 와르르 내려오는 것이 눈앞에 그려졌다.

'그래 바로 이것이 사람 사는 것이지. 닭장 같은 아파트에 위층, 아래층 소음 난다고 악다구니를 하며 사는 것, 이건 아니야.'

가이드는 우리를 바닷가에도 데려가고 초지에도 데려가고 한국 분이 하는 토마토 농장에도 데리고 갔는데 25평 정도의 온실 안에 수경재배로 토마토를 재배하고 있었다. 토마토가 덩굴나무였고 잭과 콩나무에 나오는 나무처럼 온 온실 안을 하나의 나무가 덩굴로 휘감아 자라며 토마토를 맺고 있었다. 이러한 기술은 국가의 농경 연구소에서 제공하고 있었다. 우리가 보여 달라고 한 것도 아닌데 가이드는 고추가 다년생의 나무로 자라고 있는 곳을 포함하여 이런 장면을 몇 군데 더 보여 주었다. 왜 이런 곳을 보였는지 의아해하였는데, 나중에 곰곰이 생각해 보니 이민 오게 되면 일단 한국에서 우리의 전문직은 별도로 각고의 노력이 없는 한 할 수 없으니까 이런 곳을 보여준 것이란 생각이 들었다. 훌륭하고 사려 깊은 가이드였다.

그녀의 오빠도 뉴질랜드로 이민 온 분이었다. 그 가이드 집에 초대되어 저녁식사를 하게 되었는데 그 집은 우리나라로 치면 전원주택인 셈이었다. 아! 뉴질랜드, 정말 귀국하기가 싫었다. 그런데 오가는 차 안에서 놀라운 이야기를 듣게 되었다. 한국인 이민이 늘면서 부끄러운 일들도 많이 발생한다는 것이다.

그 중 몇 가지 가운데 하나는 이곳 아이들은 순하고 길거리에서 떼를 쓰고 하는 것이 없는데 한국에서 온 아이들이 처음에는 한국에서 하던 대로 행동하면서 눈총을 받게 된다고 했다. 그래도 다행인 것은 수년이 지나면서 이 아이들이 점점 현지인들처럼 변화된다는 것이었다.

두 번째는 뉴질랜드에서는 치맛바람이 없었는데, 한국의 부모들이 이민 와서 한국에서 하던 대로 행동하곤 하여, 심지어 뉴질랜드 선생님들 중에서는 이에 익숙해진 분도 생기기 시작했다는 것이다.
얼굴이 붉어지는 참으로 부끄러운 일이었다. 수출해야 할 것을 수출해야지 이런 부끄러운 일들을 이곳 청정지역에 수출하다니.

일차 이득은 내가 사회적으로 공감하는 순기능을 가진 어떤 직업을 통해 그 일을 얻게 되는 이득이다. 예를 들면 학교의 교사라면 학생들을 가르치며 수고함으로써 얻어지는 이득, 즉 월급 또는 학생들이 개선되는 것을 봄으로써 오는 뿌듯한 마음과 보람, 이런 것이 일차 이득이 될 것이다. 의사라면 환자를 치료하면서 받게 되는 물질적 보수와 환자의 치유로 인해 발생한 이타적 마음으로부터 오는 기쁨이 될 것이고, 정부 중앙부처 행정가라면 자신이 입안하고 수행한 정책의 결실을 보면서 받는 자부심과 보수 이런 것이 될 것이며, 농업에 종사하는 분이라면 1년 내내 구슬땀 흘리며 뿌리고 가꾼 결과에 대한 수확이 일차적 이득이 될 것이다.
이러한 일차 이득은 우리가 일하게 되는 원동력이 되고 동기를 부여해주며 사회를 윤택하게 하고 부가가치를 산출하게 된다. 이러한 일차 이득이 정당하게 돌아가도록 사회는 설계되어야 하고 보장되어야 한다.

이에 반해 이차 이득은 그 직분을 성실히 수행함에 따라 항상 발생하진 않지만 그 직분에 도움을 받게 된 사람들이나 상황에 의해 받게 되는 이득이다.
예를 들면 선생님의 경우 학부모가 자기의 자녀가 그 선생님의 훌륭한 지도 덕분에 학업의 성취도가 올라가고 인격이 함양된 데 대해 감사한 나머지 촌지를 드리게 되면 이것이 이차 이득이다. 의사

선생님도 마찬가지로 환자나 보호자 가족으로부터 잘 치료된 데 대해 맘 속 깊이 감사한 나머지 어떤 분은 집에서 농사지은 참기름을 들고 오기도 하고, 어떤 할머니는 꼬깃꼬깃 접힌 돈을 쥐어주기도 한다. 이것이 이차 이득이다. 이러한 인간적인 이차 이득은 역시 건강한 것이고 서로에게 감사하며 역시 사회를 윤택하게 해줄 수 있다.

레지던트 1년 차 때에 지방에 있는 병원에 근무할 때였다. 음료병에 들어 있던 제초제로 쓰는 그라목손을 실수로 마셨다가 음료수가 아니므로 뱉어낸 40대 초반이었을 가정 주부였다. 들이마시지 않았더라도 이 정도 만으로도 사망에 이를 만큼 그라목손은 독성이 강했다.

이 환자분에게서도 그라목손 중독으로 발생할 수 있는 모든 손상이 다 발생하였다. 최근에는 많은 연구가 이루어져 다양한 방법으로 치료를 시도하나, 25년 전인 당시는 해줄 수 있는 것이 별로 없었다. 산소 흡입 농도를 낮추고 신부전이 발생하여 임시적 복막투석을 하였고, 간독성에 대해 보전적인 치료를 하고 그러다 염려스러운 폐 손상의 징후가 나타났다. '아, 이젠 안 되는 것인가?' 할 때 기적적으로 거기서 멈추었다.

당시 그라목손 중독에 걸린 환자가 살아서 집으로 돌아간 예를 본 적이 없었다. 담당 주치의로서 내 마음은 너무나도 기뻤다. 환자가 퇴원하던 날, 지금도 잊을 수 없는데 남편이 감사의 뜻을 표시하시면서 너무나 감사하다고 몇 번이나 말하는 것이었다. 남편과 담소를 나누고 헤어진 후 얼마 지나지 않아 환자복에서 사복으로 갈아입은 환자 자신이 찾아왔다. 나는 깜짝 놀라며 남편께서 방금 감사의 마음을 표하셨는데 왜 또 그러시냐고 만류했는데 남편은 남편이고, 나는 나라고 말씀하시며 막무가내였다. 두 분이 주신 촌지는 당시 레지던트 월급에 가까운 것으로 기억한다, 일차 이득에 따른 이차 이득이 발생한 셈이었다.

막내아이가 초등학교 다니던 시절에 당시 S선생님께서 담임이셨는데 훗날 교감이 되셨고 인천에 있는 국제학교에 교장으로 스카우트되어 가셨다. 아이들을 사랑하며 당시 immersion 학습방법을 도입하는 등 열의가 대단한 선생님이셨다.
학부모들이 촌지를 가져가면 "제가 아직 인격 수양이 덜 되어서 받지 못합니다."라고 하시며 단호히 거절하시곤 한 것으로 유명하셨다. 이차 이득이 선행되면 자신의 본분을 수행함에 있어서 순수함을 잃어버리고 학생들을 대하는 데 있어서 다른 의도를 갖게 될 것에 대해 스스로 엄격히 제한하시려 한 것이다. 지금도 우리 부부와 막내 아이는 이 K선생님을 존경하여 졸업 후에도 찾아뵌 적이 있었다.

나는 선한 목자입니다. 선한 목자는 양들을 위하여 자기 목숨을 버리지만, 삯꾼은 목자도 아니고 양들도 자기의 것이 아니므로, 이리가 오는 것을 보면 양들을 버리고 달아납니다. 그러면 이리가 양들을 물어가고 흩어지게 합니다. (요한복음 10:11~12)

사회 구성원으로서 우리가 맡은 바 자신의 직분을 수행함에 있어서 어떤 이유든지 이차 이득을 염두에 둔다면 그것은 순수함을 잃는 것이고 타락한 것이다. 일차 이득을 염두에 둔 행동, 이차 이득을 유도하는 행동, 심지어 이차 이득을 강요하는 행동은 부패하기까지 한 것이다. 지금껏 살아오며 이러한 이차 이득으로 인해 본분을 행함에 있어 그릇되게 행동하고, 잘못된 주장을 하고, 때론 주변 사람들이 의아해하는 일들을 발생시키는 사람들을 보곤 한다.

일차 이득에 충실하고 이차 이득을 염두에 두지 않으며 서로 대할 수 있다면 이 얼마나 살맛나는 사회이겠는가. 그런 사회가 어디 있겠냐고 말할지 모르지만, 전체적 분위기는 그렇게 사는 나라들이 지구상에 존재한다. 우리 후손에게 그런 사회를 물려주어야 하지 않을까?

법적으로는 김영란법이 통과되어 어느 정도 이런 사회로 가는 길이 열렸다. 그런데 문화가 바뀌는 데에는 시간이 걸린다. 사람들의 존재가 바뀌는 데에는 더 시간이 걸린다. 이차 이득을 바라게 하는 마음이 들게 하는 것은 그런 생각이 드는 사람만의 책임이 아니라, 이차 이득을 제공하는 사람들이 편법으로, 공정한 노력에 의한 것이 아니라 쉽게 이득을 얻으려는 사심에서 유발된다는 것을 유념해야 하지 않을까? 내가 쉽게 새치기하여 불공정 경쟁을 하려는 마음이 정죄되어야 하지 않을까 싶다.

삯꾼 목자는 이차 이득을 우선시하는 사람이다. 양들은 일차 목적이 아니라 이차 이득이 주이기 때문에 양떼들의 안위는 자신이 얻을 삯에 비해 중요한 것이 아닌 목자들이다. 그러나 그 양떼의 주인인 참된 목자는 양떼들을 헤치려는 늑대들이 올 때 목숨을 내놓고 양들을 지키려 할 것이다. 양떼들 자체가 목적인 사람이 참된 목자인 셈이다.

학생들 자체가 목적이고, 환자들 자체가 목적이며, 백성들 자체가 목적인 교사, 의사, 정치가가 참된 목자들이다. 우린 인생의 참된 목자들을 만났는가? 우리 자신이 참된 목적인 참된 목자는 어디에 있는가? 우리 자신을, 우리 존재를 참으로 관심하는 목자를 만나고자 하는 갈망이 내게 있는가? 자문해볼 일이다.

41 진리가 무엇이냐?

"Quid est veritas(진리가 무엇이냐)?"

빌라도가 던진 질문이다. 예수라는 이름의 유대의 왕이라 소문난 한 사람을 심판해야 할, 꿈자리가 좋지 않으므로 그에게 아무 상관도 말라는 그의 아내의 말에 흔들리고 있었던 한 사람, 로마제국의 당시 티베리우스 황제의 유대 행정관으로 세기의 재판관으로 앉아 있던 빌라도의 질문이었다. 아무리 심문하여도 죄명이 없었다. 유대인들은 사형을 시키라고 민란이 날 정도로 거센 요구를 하였지만, 그에게서 조금의 죄도 발견하지 못하였다. 그대가 유대인의 왕이냐고 묻자 그분께서 대답하셨다.

"나는 진리에 대하여 증언하기 위해 태어났고, 또한 그것을 위해 세상에 왔습니다. 누구든지 진리에 속한 사람은 내 음성을 듣습니다."

그러자 그가 물었다.
"진리가 무엇이냐?"

진리는 헬라어로 ἀλήθεια(알레쎄이아)인데 영어로 진리, 실재, 사실, 확실함으로 번역되었다. 빌라도가 던진 "진리가 무엇이냐?"는 질문은 인류의 질문이었다. 인생의 참된 의미를 찾고자 했던 사람들, 변치 않는 절대적인 가치가 무엇인지 탐구

했던 사람들, 그래서 진리가 무엇인지 그 자체를 알고 싶어 했던 수많은 사람들이 갈급하고 추구하고 밝히고 싶었던 명제, 진리. 학문의 전당인 대학에서는 진리가 무엇인지를 탐구하고 가르치려 애써왔다.

　진리란 무엇일까? 스탠퍼드 대학의 철학에 대한 사이트에 들어가보니 진리에 대한 십여 가지 이론과 수십 명의 철학자들의 주장들을 언급해 놓았다. 그 정리된 글을 읽다 보니 진리가 무엇인지 더 오리무중이 되었다.

　진리란 이렇게 이해하기 힘든 것일까? 철학자들의 추구 명제만을 위한 것이지, 평범한 일상을 사는 우리 같은 사람들과 진리는 무관한 것일까? 그렇다면 왜 2,000년 전 예수께서는 진리를 위해 오셨을까?

　진리를 여러 유수한 영어 사전들을 참고하여 '참된 것의 실체'라고 정의할 수 있다면, 보다 접근할 수 있는 것, 이해할 수 있는 것이 될 것 같다. 예를 들어 사과 사진을 놓고 '이것이 무엇이냐?'고 묻는다면 '사과'라고 답할 것이다. 그런데 '사과라면 드세요.' 하면 먹을 수 없다. 왜냐하면 실재가 없기 때문이다.

　그런데 진짜 사과를 놓고 '무엇이냐?'고 물으면 동일하게 '사과.'라고 답할 것이다. '그럼 드세요.'라고 하면 덥석 받아 한 입 베어 먹으면 그 상큼함과 신선케 하는 향과 달콤함이 입안에 가득 퍼질 것이고, 기운이 없었던 내가 사과를 먹어 원기를 회복하고 기쁘게 대화할 수 있을 것이다. 실재가 있기 때문이다.

　성경의 진리라는 단어는 실재로 번역될 수 있다는 것이다.

　두 딸의 아버지인 나는 아이들이 어렸을 때 아이들을 어떻게 키울지에 대해 전혀 관점도 없고 생각도 없었다. 사랑하는 아내와 결혼

생활을 하다가 자녀를 갖기를 간절히 원했고, 그러다 두 아이가 생겼는데 막상 어떻게 아버지가 되는지 알 수 없었다. 특히 큰 아이에게 초등학교 들어가기 전부터도 자주 이런 식의 말을 하곤 하였다.

"이제 6살이잖아, 그런데 그렇게 하면 안 되지."

"인제 초등학생이잖아. 그러니까 이렇게 해야지."

"2학년이 되었잖아 그런데?"

그러다 큰 아이가 중학생이었을 때 초등학교 때에는 내가 그런 말을 어떤 제한도 없이 할 때, 연약하고 죄송해하고 고개 숙이던 그 딸아이였는데, 내가 이전과 동일한 어조로 이야기할 때 무언가 그 아이 안에 색다른 어떤 것을 느끼게 되었고, 이어서 내가 참 잘못해 왔구나 하는 것을 자연스럽게 깨닫게 되었다.

지금 생각해보면 큰 아이를 어렸을 때부터 대학생 수준으로 보고 요구해왔다는 생각이 들었다. 분명 내가 아버지이지만 아버지의 실재가 없었고, 참 아버지가 아니었던 것이다. 그것을 깨닫게 되었을 때, 큰 아이에게 사죄를 하였다.

"내가 이렇게 말한 것은 지나친 것이었다. 용서해다오."

그러나, 몸에 밴 나의 태도로 인하여 그 이후에도 수없이 동일한 사과를 해야 했다. 근 6개월이 지나서야 그런 태도가 완전히 사라지게 되었다.

남편으로서 분명 아내를 사랑하지만 내게 남편의 참된 실재가 있는가? 직장의 한 구성원으로서 내가 참되게 생활하고 있는가? 사람들과의 갈등 속에 간혹 내게 부당하게 대하는 사람에게 나는 그들을 사랑한다고 말할 수 있는가? 나보다 못하다고 생각하고 있는 다른 사람이 나보다 앞서갈 때, 나는 그러한 그에게 진심으로 박수를 보내며 감상할 수 있는가?

> 말씀이 육신이 되어 우리 가운데 거하시매 우리가 그 영광을 보니 아버지 독생자의 영광이요 은혜와 진리(실재)가 충만하였다.
(요한복음 1:14)

우리는 모두 다른 사람을 사랑하고 싶고, 환한 빛 가운데 있고 싶고, 흠이 없는 생활을 하고 싶고, 남편으로서, 아내로서, 부모로서, 자식으로서 합당한 그런 사람이고 싶지만, 살아 나타내는 나의 모습은 그 반대의 경우가 왕왕 있으니, 사과의 모양은 있으나 그 실재가 없는 사진 같을 뿐이다.

"진리가 무엇이냐?"라는 말에 답하긴 어려우나, '내게 진리(실재)가 있는가?'라는 질문에는 쉽게 답할 수 있는 것 같다.

"내게 참된 빛이 있는가? 내게 참된 사랑이 있는가? 내게 인내가 있는가? 나는 참된 아버지인가? 나는 참된 남편인가?"

이렇게 묻는다면 "아니오, 내게 실재가 없습니다."라고 답할 수밖에 없지 않은가? 진리에 대한 철학적 탐구와 그 정의를 찾아 헤매는 것보다, 내게 실재가 있는지를 돌아보는 것이 진리에 이르게 되는 더 쉬운 길이 아닐까?

42 병들지 않은 자가 없다

|
바리새파의 율법학자들이 예수님께서 죄인들과 세리들과 함께 잡수시는 것을 보고, 예수님의 제자들에게 "왜 저 분은 세리들과 죄인들과 함께 음식을 드십니까?"라고 하니, 예수님께서 듣고 말씀하셨다. "강건한 사람들에게는 의사가 필요하지 않으나, 병든 사람에게는 필요합니다. 나는 의인을 부르러 온 것이 아니라 죄인을 부르러 왔습니다." (마가복음 2:16~17)

최근 10년 간의 우리나라 의료 이용률 통계에 의하면 외래진료를 받은 횟수가 한 명당 연간 17회 꼴로 OECD 국가 최고라고 한다. 평균이므로 모든 국민이 1년에 열일곱 번 병·의원 외래를 다녀갔다는 것은 아니지만, 크고 작은 일로 자신이나 가족이 대부분 적어도 1년에 한두 번은 병·의원에 갔을 것이다. 심지어 의료 서비스를 이용하지 않았을 뿐이지 몸의 어디인가에서는 질병이 진행하고 있을지도 모른다.

30세 이상에서는 세 명 중에 한 명은 비만이고, 50세가 되면 세 명 중에 한 명이 고혈압을 갖게 되고, 60세가 넘으면 두 명 중에 한 명은 고혈압 환자가 되고 네다섯 중에 한 명은 당뇨병 환자가 된다. 완전히 건강한 사람은 거의 없는 셈이다. 우리가 건강한 사람이라면 어떤 의사가 제 아무리 명의라 해도 나와는 관계가 없다. 어떤 의사가 폐암 분야에 세계 제일의 의사라 해도 내가 폐암에 걸리지 않는 한, 내게 아무짝에도 쓸모없는 것이다.

　한 번은 이런 일이 있었다. 평소 운동을 열심히 하는 50대의 중년 남성분이 있었다. 건강관리를 잘하고 근육질의 몸매를 자랑하는 상남자 같은 분이었는데, 어느 날 사색이 다 돼 나를 찾아왔다. 중병이라도 걸린 듯 염려하며 하는 말이 자기가 감기 몸살에 걸린 것 같다고 했다. 물론 가벼운 감기였기에 그는 수일 후 다시 그 건강의 자긍심을 되찾았다.

　그때 평소 자신의 강함을 뽐내던 모습과 감기에 사색이 된 그의 모습이 대조되면서 속으로 얼마나 웃음이 나왔는지 모르지만, 그의 체면을 생각해서 참느라 혼이 났다. 천하를 호령할 것 같은 기색이 있는 사람도 일단 질병에 걸리면 만사가 다 소용없다. 제발 이번 기회를 넘기고 다시 건강을 되찾을 수만 있다면 소원이 없다고 이구동성으로 말할 것이다.

　또 한 번은 이런 일도 있었다. 공군 조종사로 장교 임관을 앞둔 생도가 혈압이 높아 진료를 받은 적이 있었다. 긴장을 하면 혈압이 올라갈 수 있으므로, 그를 입원시켜 여러 번 혈압을 재며 관찰하였다. 그러면서 자연스럽게 그의 생도생활을 듣게 되었는데, 그에게는 훈련 기간 중 낙하훈련을 받을 때가 가장 두려웠다는 것이다. 그래서 낙하 직전에는 하나님께 간절히 기도를 하곤 하였는데, 발이 땅에 닿는 순간 간절히 기도하던 마음은 사라지고 자기가 잘해서 안전하게 땅에 내려왔다는 생각이 든다는 것이었다. 이제 그가 조종사가 되느냐, 마느냐의 기로에 선 것이었다.

　주 예수께서 이 땅에서 사람들과 같이 살고 행하시는 동안, 그분은 자주 죄인들과 세리들과 식사를 하시며 함께 어울려 다니는 것처럼 보였다. 그것이 항시 눈에 거슬리는 사람들이 있었다. 바리새파 율법 교사들이었다.

바리새인들은 당시 하나님을 따르고 섬기는 일을 중시하고 다른 사람들에게도 그리하라고 요구하는, 하나님께 열심히 매달리는 사람들이었다. 자신들이 이런 삶을 살기 때문에 그들은 자신이 의롭다고 여겼고, 당시 로마 정부 하에서 세금을 징수하는 일을 하는 세관원들을 멸시하고, 죄인들로 드러난 사람들을 정죄하였다.

그런데 그들은 겉으로 드러난 행위를 의로운 것처럼 할 뿐이지, 기회가 되면 사람들이 모르는 것 같으면 더 악한 일들을 행한다는 사실을 스스로 깨닫지 못하였다. 겉으로 드러나지만 않았으면, 자신은 여전히 말을 그렇게 해왔고, 드러나게 행한 것이 의로우므로 자신이 의롭다고 생각했다.

그런데 하나님에 대해 말씀하시고, 의와 거룩과 하나님의 왕국에 대해 가르치시며 숱한 기적들이 일어나게 하신, 그러나 겉으로 보면 그저 한 사람일 뿐인, 그래서 항상 이 사람이 누구인지 의문이 드는 이 사람이, 그들이 보기에 마땅히 손가락질 받고, 멸시받고 상종하지 말아야 할 것 같은 죄인들과 세리들과 식사와 잔치를 하며 어울려 다니는 것이었다.

이 모습을 보다 못한 한 바리새파 율법학자가 그분의 제자들에게 물었다. 사실 물은 것이지만 그의 마음은 이미 판단하고 정죄하고 있었던 것이다. 왜 입으로는 의와 하나님의 왕국에 대해 말씀하시며 행동은 죄인들과 어울려 다니느냐고, 우리나라 사람이었다면 근묵자흑(近墨者黑)이요, 친구를 보면 그 사람을 안다고 했는데 당신들의 선생님은 죄인들과 세리들의 친구가 아니냐고 따지고 싶었던 것이다.

그런데 답변은 예수님께서 하셨다. 주님이 온 것은 의사로서 오셨다는 것이다. 의사는 건강한 사람에게는 아무짝에도 쓸모없다. 하지만 병자에게는 너무나도 긴요한 분이요, 자신의 문제를 해결해달라고 애원할 대상이었다.

피가 나면 잘 멈추지 않아 13년간 고생한 여인이 있었다. 이 여인은 풀잎에 손을 베이면 피가 멈출 줄 모르고, 생리가 있는 때면 지옥과도 같았다. 어떤 의사도 이 여인의 문제를 해결해줄 수 없었다. 용하다는 의사의 소문이 있으면 다 찾아가 보았다. 그러다 보니 재산도 허비하고 마음은 마음대로 지쳐가고 있었다.

그런데 온갖 병들을 고치시고 심지어 시각장애인도 눈을 뜨게 하신 분이 수많은 사람들에 둘러싸여 지나가고 계신다는 이야기를 듣고 두근거리는 마음으로 인파 사이를 헤치고 그분께 다가갔다, 어떤 사람들은 그 여인이 그리하는 것을 흘겨보기도 하고 밀쳐내려고도 했을 것이다. 그러나 그 여인은 마음이 절박하였다. 십삼 년간 아무도 이 여인을 도울 수 있는 사람은 없었기에. 이에 여인은 손을 내밀어 그분의 옷자락을 만졌다. 그 순간 그 여인은 자신의 병의 근원이 순식간에 마르게 된 것을 몸으로 알게 되었다. 그때 그분께서 갑자기 돌이키시며 말씀하셨다,

"누가 나를 만졌습니까?"

제자들은 기가 찼다. '아니, 이 많은 사람들이 서로 밀쳐대며 주님 주위에 가득한데 누가 만졌다고 물으시나?' 하며 한두 사람이 만졌겠느냐고 생각하여 주님을 탓하였다. 그러나 주님은 분명했다.

"아니다, 누가 나를 만졌다."

많은 사람들이 예수님 주위를 몰려다니며 함께 이리 밀고 저리 밀며 다녔지만 예수님을 만진 것은 여인 한 사람이었다. 그 여인은 13년간 고통을 받아온 병자였다. 건강한 사람에게는 의사가 필요 없지만 환자에게는 그렇지 않았던 것이다. 그 여인에게 있어서 기댈 곳이라곤, 소망을 둘 곳이라고, 자신의 이 고통을 말할 사람이라고는 이 세상에, 이 우주 가운데 딱 한 사람, 참 의사이신 예수 한 분밖에는 없었던 것이다. 그리고 마침내 그녀의 혈루의 근원은 말라버렸다.

마가복음에서 주님은 병든 자를 죄인과 같은 선상에 놓는다. "강건한 사람들에게는 의사가 필요하지 않으나, 병든 사람에게는 필요합니다. 나는 의인을 부르러 온 것이 아니라 죄인을 부르러 왔습니다."라고 말이다. 건강과 사망 사이에 질병이 있다.

죄는 건강한 사람을 병들게 하고 결국 사망에 이르게 한다. 하나님 눈에 죄인과 병든 이는 같은 사람이다. 당신은 당신 자신이 죄인이 아니라고 말할지 모른다. 그러나 성경에서 이미 당신이 죄인인 것은 증명되었다.

한 여인이 간음한 현장에서 붙들려 예수님께 왔고 사람들은 예수님께서 이 여인에 대해 어떻게 할 것이지 말해달라고 종용하였을 때 잠잠히 땅에 글을 쓰시던 그분은 말씀하셨다.

"여러분 중에 죄 없는 사람이 먼저 돌로 치십시오."

그러자 어른에서 아이들에 이르기까지 한 사람 한 사람 다 그 현장에서 떠나갔다. 주먹 한 가득 쥐었던 돌을 떨구면서 말이다. 이미 그때 우리는 우리 자신이 죄인인 것을 시인했던 것이다. 지금 당신은 떨어진 돌을 다시 주워들고 그 여인을 향해 던지겠는가?

발간
준비를
마치고

　발간된 이 책을 읽으시는 분들께서 '추천의 글'이 많은 것을 보고 의아해 하실 수 있겠다. 사실상 나는 하나님 말씀으로 생명의 노래 잔칫상을 차렸고, 독후감을 써주신 분들은 잔치를 누리는 분들이다. 다 함께 어우러져 잔치의 일부가 되어서 독자 여러분께 제공된다. 이 글들을 통해 나도 보지 못한 나의 글들의 의미를 발견하게 된다.

-

　나의 글에서 성경의 구절들은 카메오처럼 등장한다. 삶의 일상에서 느낀 일들을 그때 그때 적은 글 사이로 하나님의 말씀이 스치듯 지나간다. 그러나 사실 내 글이 주인공이 아니라 하나님의 말씀이 내 글의 주인공이다.

　인용된 성경들 중 특정 번역본을 명시하지 않은 것은 회복역 번역본에서 취하였다. 모든 성경 번역본은 나름의 특성을 갖고 있는데, 회복역 성경은 원문(구약은 히브리어, 신약은 헬라어)에 가깝도록 번역하되, 이해하기 쉬운 현대어를 사용해 번역한 권위 있는 번역본 중의 하나이다.

-

　어느 날 집 근처의 대형 유통마켓에 들어선 서점에 찾아간 적이 있다. 이런저런 신간들을 둘러보다 다양한 성경 번역본들을 찾아볼까 하여 종교서적 칸으로 가려 하였는데 아무리 찾아도 종교

서적을 진열한 곳이 없었다. 못 찾은 것이겠거니 하고 다시 찬찬히 둘러보았으나 정말 없었다. '성경을 팔지 않는 서점이 있다니?' 이 서점에서 나는 큰 충격을 받았는데, 성경이 진열되지 않은 것에 더하여 서적 전시대에는 마음속의 하나님을 떠나게 하는 책들이 즐비하게 전시되어 있었기 때문이다. 후에 서적 관련 전문가에게 들어보니 이런 현상이 여기저기서 일어나고 있다는 것이었다.

하나님을 알고 믿기 전에도 나는 어디서 들었는지 모르지만 성경 몇 구절을 알고 있었다. "왼손이 한 일을 오른손이 모르게 하라."는 것과 같은 구절들이었는데, 이 말씀들은 무언가 진실하고 깊고 참된 것이란 느낌을 내게 주었었다.

이제 믿는 이로 생활하며 느낀 삶의 이야기를 통해 문득문득 떠오르는 성경 구절들이 나의 글 속에서 제시되어 글을 읽는 분들의 마음에 톡톡 떨어지기 바란다. 그리고 어느 날 싹을 틔우고 뿌리를 내리기 바라며, 심지어 그 말씀의 열매들이 맺혀지길 소망한다. 그렇다면 나는 이 책을 발간한 뜻을 이루게 될 것이다.

평범한 한 이웃으로 살며 느끼고 공급받고 고취된 그 말씀들이 글을 읽는 친구인 여러분에게도 역사되길 바라며 두근거리는 마음으로 이 글을 맺는다.

추천의 글

이정재

순천향대학교 서울병원 병원장

설 전날, 연휴기간 병원에 큰일은 없는지, 코로나19 때문에 불안한 마음으로 병원에 와서 이곳저곳을 돌아다니던 중, 친구에게 문자가 온다. 그동안 글이 하나씩 만들어질 때, 중간 중간 보내주었던 글들을 모아 출간을 한다고.

제목을 보니 내가 읽지 않은 글도 꽤 된다. 휴대전화의 디지털 자료를 컴퓨터로 옮겨 큰 글씨로 처음부터 읽다 보니, 나도 그 글의 일부가 된다.

친구로 40년 넘게 같이 지냈다. 하나님의 자녀, 형제로 지낸 기간은 내 기준으로 20년이 넘었다. 하나님의 자녀가 될 수 있도록 도와준 그는 하나님의 자녀로 성장할 수 있도록 지금도 나를 보살펴준다.

하나님이 있을까? 어떤 분일까? 나는 하나님을 만날 수 있을까? 성경을 읽어도 이해하기 어렵다. 과학을, 그것도 의학을 전공한 나로서는 삼위일체를 받아들이는 것이 쉽지 않다. 나는 하나님을 믿는다고 고백하였지만, 아직도 나는 어떻게 생각하고 살아야 할지 알기 어렵다.

　믿음은 쉽지 않다. 하나님을 믿고, 나의 구주로 영접했다 하여도 그 약속을 지키는 것은 정말 어렵다. 하나님과의 약속이기 때문에 더욱 더 어렵다. 이러한 고민에 빠졌을 때 나는 가끔 그 친구가 아침마다 보내준 성경과 그 친구의 해설을 읽는다. 오늘도 42편의 글을 모아 읽는다. 그러면 나의 마음은 평안해진다.

　나는 하나님과 약속한 것이 아니다. 하나님과 나는 거래하고 있는 것이 아니라는 사실을 깨우친다. 하나님께서는 당신의 자녀인 나를 당연히 보살피고 아껴주신다. 믿음으로써 내 안에 하나님의 영이 하나님과 같이 있기에, 하나님께서는 나를 아끼고 사랑하신다. 내가 하나님을 버리지만 않으면 된다. 그것은 어렵지 않다. 하나님을 부르는 것만으로도 하나님은 내 편이 되시고, 나는 하나님과 대화할 수 있다.

　이 글들을 통해 우리의 일상 속에서 하나님을 한 번 더 볼 수 있게 되었고, 함께 입을 모아 하나님을 부를 수 있어 오늘도 친구에게 감사한다. 지금 내려가는 길을 걷고 있는, 마음을 비워야 할 때가 된 우리는 이제 어느 곳을 향해 내려갈 것인가, 비워진 마음을 무엇으로 채울 것인가 고민하지 않아도 된다.

김혜옥

UCLA, David Geffen School of Medicine, research fellow

무엇인가에 쫓기며 인생을 달려가는 것 같은 생각이 들 때, 병원 판독실에서 잠시 일을 멈추고, 종종 이상무 위원님의 브런치 글을 읽으며 위안을 받았던 기억이 납니다.

이 책에는 제가 예전에 같이 근무하며 보아왔던 위원님의 더 나은 의료에 대한 고민과 크리스천 의사로서의 인생의 향기가 고스란히 담겨 있습니다. 저는 인생의 조언을 듣고 따뜻한 리더십을 배웠습니다.

글을 읽는 시간이 때로는 도전이 되고, 때로는 향기로운 차를 마시는 것 같은 쉼을 경험하게 될 것입니다.

공진선
심사평가원, 실장

앞으로 남은 시간이 살아온 세월보다 더 짧다는 사실을 자주 잊고 산다. 성급하고 서툴게 살아온 지난 시간들 때문에 앞으로 남은 직장생활과 은퇴 후 어떻게 살아야 하나 고민이 많아지는 요즘, 좋은 글을 만날 수 있어서 너무 기뻤다.

작가와는 20년째 같은 직장을 다니고 있고, 서울에서 원주로 회사가 이전한 지도 수년이 지났다. 작가는 심사위원으로 복잡한 진료내용을 심사하고, 고가 신약의 효능을 심의하고, 부적정한 진료를 예방하기 위해 심사기준을 만드는 등 의학적 근거 하에 의사결정을 하는 직을 맡고 계시다.

풀잎 사이 물길, 바람 한 줄기도 무심히 넘기지 않는 감성과 탁월한 글 솜씨를 알게 된 것은 두 해 전 작가의 온라인 '브런치' 글을 우연히 읽게 되면서부터다. 당시 그의 감성적인 글들이 내겐 반전의 놀라움이었다.

이런 따뜻한 글을 쓸 수 있고, 온라인 브런치 작가로 활동하다

출간까지 하시게 되었으니 축하받으실 만한 큰일을 해내신 것이다.

　국문학자 집안에서 태어나 늘 책 읽기를 즐겼던 어린 시절을 보냈기에 깊은 인문학적 소양과 남다른 관찰력, 세심한 감성, 세상을 이해하는 능력이 남다르시다.
　작가는 어린 시절, 의과대학 재학 시절, 미국 연구과정, 내과 임상의사로 살아가며 수많은 환자와 그 가족들의 아픔과 감사의 마음을 기억하려 애썼고, 기록의 습관이 합쳐져 이렇게 소중한 글감이 되었겠구나 하는 생각이 든다.
　이 글을 읽는 독자들도 소중한 삶의 이야기들이 그냥 잊히고 지나가 버리지 않도록 기록하는 습관을 가진다면 앞으로 삶에 지혜가 되고 필요할 때 좋은 글감이 될 수 있을 것 같다.

　누구에게나 바쁜 출근길이지만 아침 일찍이 길을 나서서 가능한 한 멀리 돌아오고, 길을 가로지르는 달팽이들이 다칠 새라 요리저리 피해 발을 내딛는 작가의 따뜻한 감성이 돋보인다. 사무실 화분에 우연히 뿌린 세 톨의 씨앗으로 방울토마토를 길러내는 정성. 나무 가지에서 쉬고 있는 작은 새, 길가의 이름 없는 꽃도 무심히 지나치지 않는 그는 필연적으로 '작가'였다.

　그의 글은 사랑하는 아내와 함께한 시간들이어서 감동을 더한다. 연인에서 부부로, 부부에서 친구로, 친구에서 동반자로 걸어온

긴 세월 속에 그를 닮아 있는 아내가 옆에 있기에 글은 더욱 편안하고 공감이 된다.

매주 함께 걷는 광릉수목원의 고즈넉한 숲길, 카푸치노 향이 가득한 숲속의 카페, 주인장이 무척 친절한 떡갈비 집까지 글 속의 단골집들은 당장이라도 가보고 싶게 만든다.

부부의 인연으로 살아도 바쁘고 무뎌진 마음 때문에 말 한 마디 따뜻하게 건네지 못하는 경우가 얼마나 많은가? 앞으로 남은 삶을 함께 해야 하는 세상 부부들에게 조용한 울림을 준다.

사람 사는 세상이 다 그렇듯 남들보다 좋은 학교, 좋은 직장, 좋은 배우자, 좋은 집, 잘 지은 자식농사, 앞선 승진, 자산 불리기 등 아무리 채워도 더 갖고 싶은 욕심을 내려놓기 쉽지 않은 게 현실이다.

이 글을 읽는 내내 큰 욕심 부리지 않아도 세상은 충분히 살 만하고 행복할 수 있음을, 이루고 싶었던 열 손가락 바람을 거의 다 접어버려도 공허한 마음이 들지 않게 만든다.

이 글 전반에 걸쳐 항상 곧은길을 선택하고 성찰하고 하나님께 감사드림을 잊지 않는 그는 참 신앙인이다. 이 세상 누구나 취약한 존재임에도 자만하고 항상 잘 나갈 거라 생각하는 어리석음을 작가만의 젠틀한 방식으로 타이르고 설득한다.

작가는 '정상적인 사람이 정상적인 일을 했으면 참 잘한 것.'이라고 말한다. 지금 함께 살아가는 인연들, 그리고 다음 세대들에게도 이런 마음으로 대하면 좋겠다.

　누군가 욕심을 크게 낸다면 다른 누구가의 몫을 가져가는 거라 생각해본다. 그 인연이 부부이든, 형제이든, 동료이든 이 세상은 함께 나눌 수 있을 때 더 의미 있고 빛이 난다는 것을 이 글을 통해 배울 수 있었다.

곽용희
한국경제신문 기자/ 좋은일터연구소 연구위원

　세상은 각자의 시각으로 바라볼 수밖에 없다. 서 있는 곳이 다르면 풍경이 다르다는 말이 있다. 같은 풍경이어도 그 사람의 마음을 거쳐서 바라본 세상은 또 다른 색깔이라는 의미다.

　보통 지나쳐 버리기 쉬운 달팽이의 여정을 옆에서 묵묵히 바라보고 느낀 소회를 적은 '길 건너는 달팽이'만 봐도 이상무 작가님의 시선은 따뜻한 색이다. 보통 지나쳐 버리기 십상인 길가의 달팽이를 바라보면서 느낀 감동을 담담하게 써내려가지만, 그 안에서 하나님의 깊은 사랑을 깨우치고 감탄했을 그를 생각하면 절로 미소가 난다.

　이 글은 늘 주님 안에 있기를 앙망하는 이 작가님의 따뜻한 색이 듬뿍 입혀진 수필이자 자전적인 기록이다. 지친 삶 속에서 의미를 찾아 나선 당신에게는 참회록이자 지도일 수도 있겠다.

　흔한 일상에서 감사와 교훈을 느끼는 휴식을 잠시나마 갖고 싶다면 일독을 권한다.
　이 작가님의 말을 빌려 글을 마무리한다.

"철학과 진리와 고매한 사상은 딸 수 없는 별님들과 달님들이 아니라, 오늘 밥상에 오른 음식과 같이 일상생활에서 누릴 수 있는 것들이어야 한다."

김동진
청구정보통신 부사장

우리 자신에게는 잠재되어 있는, 하고픈 꿈이 있으리라. 아이일 때의 꿈, 어른이 되어서의 꿈, 그리고 그 꿈은 성장하면서 점점 구체화되고 현실화되기도 하며 또한 한낱 허무한 꿈으로 흘러 떠내려가기도 한다.

"꿈은 이루어진다."라는 열망이 있다. 우리가 붙잡은 꿈이 현실에서 쓴물과 단물의 체험들을 거쳐 우리에게 새로운 꿈, 진전된 꿈으로 발전되고 또한 그 꿈이 흐르고 흘러 영원한 꿈(생명)에 이른다면 큰 축복이다.

어그러지고 비뚤어진 이 세대에서 우리가 허망한 물질적인 꿈을 좇지 않고 영원한 꿈을 추구하며 심지어 그 꿈이 되어간다면 영광의 소망이리라.

이 작가님은 의료인이시지만 독실한 믿는 이로서, 인생의 많은 환경을 성경 말씀 안에서 믿음으로 통과하셨다. 이때 얻어진 체험들을 이 책을 통해 우리 삶의 포근한 지혜가 되게 하였고, 종교적인 믿는 이가 아닌 예수님이 원하시는 진정한 믿는 이의 삶이 되게 하였다.

예수님은 이 땅에서 사셨을 때 하나님이시지만 인간적인 삶을 사셨고 또한 사람이시지만 신성한 본성을 표현하셨다. 우리 또한 믿음으로 그분을 우리의 생명으로 받아들임으로써 그분처럼 신성하고도 인간적인 삶을 살 수 있도록 새롭고도 산 길을 열어주셨다.

    우리 주 예수님께 감사와 찬양을 드린다.
    부디 예수님의 꿈이 우리의 꿈과 실재가 되게 하시고
    이 작가님의 꿈이 우리의 생활의 지혜가 되게 하여
    우리의 꿈이 이뤄지길 이 책을 읽으시는 분들과 함께 소망해본다.

박선훈
숭곡초등학교, 교장

작가는 환경적인 어려움이 많이 있었다. 그러나 그는 이 시련의 기간을 통하여 하나님을 더 많이 가까이했으며 교회의 지체들을 더 많이 양육했고, 어려움 가운데 있는 지체들을 더 많이 위로했다.

또 그 시기에 작가는 사진을 취미로 접하게 되었는데 섬세하고 예술적인 그의 성격답게 주로 자연을 주제로 사진을 찍었으며 이것은 정말 작가의 성격과도 과히 잘 맞는 취미라고 생각했다.

얼마 전부터는 작가가 심심치 않게 SNS에 올린 몇몇 글들을 읽게 되었는데 '사무실에서 토마토 키우기'라는 글에서처럼 그의 사진 못지않게 섬세하고 문학적 감성이 배어 있는 글들을 종종 볼 수 있었다.

죽을지 살지 모르는 토마토를 정성껏 키우면서 그가 느끼는 자연의 위대함과 끈질긴 생명의 소중함을 읽는 나도 함께 느끼게 되었는데 이렇듯 소소하면서도 다양한 일상생활 속에서 느낀 하나님의 임재와 여러 체험 등을 기록한 소중한 글들을 모아 한 권의 책으로 낸다 하여 정말 기쁜 마음으로 추천하는 글을 보내게 되었다.

변명희
초등학교 교장

주말이면 어김없이 카메라와 간단한 간식이 든 가방을 메고 공원과 수목원으로 지인들을 초대하는 분이 있다. 동행하는 날은 숲과 나비와 꽃, 벌들과 함께 나의 모습이 잘 찍힌 사진을 얻는 재미가 쏠쏠하다. 작은 꽃, 작은 새 한 마리, 작은 잎새 하나에도 생명의 의식을 살려 셔터를 누른다.

의사이면서 사진작가로, 이번에는 저자(著者)로 삶을 풍성하게 누리며 사는 분, 무엇보다도 그리스도인으로서 그의 눈은 생명의 시각으로 가득하고, 창조자의 글로 채워진 마음은 겸손하고 존중이 어린다.

어쩌면 교사가 되셨더라도 타고난 섬세한 품성과 예술성, 끊임없이 배우고 연구하는 창의성으로 자라나는 다음 세대에게 크고 선한 영향력을 미쳤을 것이다.

저자가 화분매개곤충 '뒤영벌'을 책의 제목으로 정한 것은 이 땅에 사는 사람들의 삶을 하늘에 속한 하나님의 생명의 삶 안으로 매개하고자 하는 뜻이 아니었을까 생각하면서, 이 책을 만나는 분들이 하늘과 땅의 풍성한 연결 안으로 초대받게 되시기를 바란다.

곽찬의

(전) 재현고등학교 교장

　바쁜 일상에서 소소한 것으로 여겨 흘러 보낼 수도 있는 일들을 예리한 시선으로 바라보고 소재를 찾아내는 남다른 관찰력과 그 순수하고 담백한 표현이 놀라웠습니다.

　더욱이 문장 하나하나에 온기를 불어넣은 듯 따뜻함과 생기가 흘러넘쳐서 부드러움 속에서 빛을 발하는 글들에 감동했습니다.

　『뒤영벌』이 많은 사람들에게 읽혀져서 그들에게 생명의 공급과 빛 비춤이 있게 되기를 소망합니다.

　『뒤영벌』의 출간을 진심으로 축하드립니다.

이혜진
50대, 직장인

평소에 일기를 쓰지 않더라도 때때로 일상을 역사로 남기고 싶다고 느낄 때가 있다. 마음속에서 일어나는 많은 생각과 감정들, 머릿속에서 떠오르는 다양한 지식과 지혜들…… 명시하기는 쉽지 않지만 메모하기는 어렵지 않다.

이 책은 일상의 순간순간을 기록으로 담고 싶다는 충동을 일으킨다.

작가가 동반자와 함께 여행하며 겪은 일, 직장에서 만난 사람들의 일화, 젊은 시절의 소소한 이야기 속에서 체험한 내용을 성경 구절과 함께 기록함으로써 우리의 생활에 가이드가 되는 책이다.

박영숙
노원을지병원 소화기내과, 교수

　이상무 선생님이 책을 내신다고 들었을 때 어떤 책일지 참 궁금하였습니다. 1996년 을지병원 내과에서 동료로 일하게 되었을 때, 일주일에 한 번 티타임으로 함께 읽던 서적들을 통해 주님과의 깊은 만남을 소개하셨고, 저를 교회생활 안으로 인도하신 분이기에 더욱 그랬습니다.

　그분의 책은 역시 그분의 모습과 닮아 있습니다. 첫 인상이 강렬하지 않지만, 마음이 어려울 때 가장 먼저 달려가 위로를 받고 싶은 사람, 주님에 대해 크게 소리 내어 말하지 않지만, 소소한 일상생활에서 주님을 사랑하며, 주님의 말씀이 자연스레 묻어 나오는 사람, 사랑하는 아내와 30년을 함께 살며, 연인에서 부부로, 친구로, 사역의 동반자로 다시 한 몸으로, 이런 그 분의 모습이 그대로 묻어납니다.

　얼마 전 친구의 남편이 심한 병을 앓고 있다는 이야기를 듣고, 선생님 부부와 함께 말씀을 전하러 방문한 적이 있었습니다. 이전에 뵌 적이 없는 한 사람을 위해, 그에게 남겨진 시간이 많지 않다는 사실을 아신 것처럼, 마음을 닫고 있는 그분의 구원을 위해 뜨거운 눈물을 흘리며 기도하는 모습에 저는 많이 놀랐습니다. 믿지 않는 사람을 위해 진심을 다해 기도할 수 있는 사람이 많지 않음을 알기 때문입니다.

이 책은 주님이 누구신지 알기 원하고, 그분을 만나기 원하고, 저와 같이 매일 주님과 함께 사는 삶이 무엇인지 알기 원하는 많은 이들에게 따뜻한 마음으로 권하고 싶은 책입니다.

이지은
10년차 직장인

　진솔한 이야기는 위로가 된다.
　빠른 걸음으로 내딛다가 가끔 갈 곳을 알지 못하고 분주한 마음만 있었다는 생각이 들면, 잠깐 멈춰 주변을 바라보는 시간을 갖는 느낌으로 글을 찬찬히 읽는다.
　다른 사람의 일기를 보는 것처럼 위원님의 브런치를 읽으면 사람뿐 아니라 사무실에서 기르는 식물, 길가에서 만나는 작은 동물들도 사랑으로 바라보는 마음이 고스란히 전해진다.
　위원님 사무실에 들러 손수 타주시는 유자차 마시면서 들려주시는 이야기를 듣는 마음으로 나는 내 하루와, 한 주를 돌아보곤 한다.
　출간 소식을 듣고 따뜻함을 나눠주시는 마음에 감사를 전하고 싶다.

박진경

전남대학교 교수

7년 전, 새로운 기관에서 새로운 일을 하게 되어 설렘과 불안한 마음으로 사무실에 들어섰을 때 작가님과 처음 만났다. 아직 사무실을 배정받지 못하여 사각형으로 회의탁자가 둘러있는 작은 회의실에 직원들이 꽉 들어차 분주하게 일하고 있었으며, 그때 작가님은 본부장급인 수석연구원이셔서 별도의 사무실에서 일하실 수 있음에도 불구하고 직원들과 함께 회의 탁자에서 근무하고 계셨다.

지난 회사에서 본부장님은 아주 가끔 직접 결재를 받으러 갈 때나 뵐 수 있었기에 직원들과 함께 근무하고 계신 모습이 너무 생경하고 일하기 어렵겠구나 하고 느껴졌다. 하지만 그러한 기우는 하루 만에 끝났으며, 어떠한 문제든 회의하고 자유롭게 토론하는 방식에 자연스럽게 녹아들어 즐겁게 일하게 되었다.

또한 의사로서, 연구자로서, 정책결정자로서 사명감을 가지고 공공보건을 위해 열정적으로 일하시는 작가님의 모습을 보며, 함께 동화되어 열심히 일하게 되는 경험을 하였다. 이렇듯 작가님은 기존의 방식을 고집하지 않고 필요한 방법을 꿰뚫어 보며 직원 전체를 이끌어 가시는 리더이셨다.

어느 날, 벽에 작고 귀엽지만 처음 보는 새 사진 액자가 걸려 있는 것을 발견하고 한참을 들여다보게 되었다. 작가님은 사진 찍기가 취미라고 하시며 새 사진을 찍었던 당시 상황에 대해 즐겁게 이야기해 주셨다.

그때 앞만 바라보며 정신없이 살아가고 있는 내게, '여유'를 가지고 일하고 계신 작가님의 모습은 나의 일상을 다시 되돌아보게 하였다. 또한 짧은 기간이었지만 함께 일하는 중간 중간 말씀하여 주신 인생에 관한 이야기는 한 단계씩 쌓아가고자 열심히 노력하고 있었던 나에게 많은 힘을 주고 위로를 주었다.

그 후 다른 기관으로 이직하여 일하면서 박사를 졸업하게 되고 지금 대학교수로서 정신없이 지내고 있는 중에 작가님의 이야기를 책으로 다시 만나게 되었다.

현재 한 아이의 엄마로, 주부로, 대학교수로 정신없이 보내면서, 무언가를 놓치며 살고 있는 건 아닌지 늘 불안했던 내게, 다시 만난 작가님의 이야기는 이전에 그러하셨던 것처럼 따뜻한 위로와 힘을 주었다.

한참을 들여다보게 되는 여유로운 사진들과 읽고 나면 마음 한 켠이 따뜻해지는 이야기들로 가득한 이 책을 바쁜 일상을 살아가고 있는 모든 분께 추천하고 싶다. 따뜻한 위로와 '아~' 하고 깨닫게 되는 인생 이야기들로 다시 앞으로 나아갈 힘을 얻게 될 것이다.

김주은
개원 의사

음…….
드디어 시작했구나, 친구!
학창시절 언젠가
네가 이 다음에 꼭 글을 써보고 싶다고 했던 걸 기억한다.
이제 세월의 연륜이 쌓여 드디어 그때가 되었구나.
우리 나이 어느덧 60!
짧지 않은 삶의 나이테를 묘사해 볼 때도 된 듯하구나.
평소 나누지 못한 많은 공감들,
이상무의 브런치를 통해 만날 수 있게 되어 몹시 반갑고 기쁘구나.
등단을 축하한다, 상무야~^^

　2020년 8월 어느 날,
　'길 건너는 달팽이'란 글과 함께 브런치라는 난생 처음 들어보는 곳에 등단했다는 친구의 메시지를 받고 보냈던 축하 메시지입니다.
　벌써 1년 반이 지난 세월 동안 40여 편의 글이 쌓여 이제 『뒤영벌』이란 책으로 탄생했군요!

　작가 이상무와 저는 의과대학생 시절에 만나 40년이 넘게 우정을 지속해 온 사이로, 학창시절만큼 많은 대화를 나누지는 못했지만, 간간이 만나 서로에게서 세월의 흔적들을 확인하곤 해온 사이였습니다.

서로 바쁜 삶에 쫓기면서 마음을 나누지 못함을 아쉬워하며 지내오다가 이렇게 친구의 글을 통해 만나볼 수 있음에 얼마나 반가웠던지….

이 친구 그동안 참 깊어졌구나. 글을 읽어가는 동안 점점 선명해지는 사실 하나, '아! 친구는 하나님을 만났구나.'

옛날 철없던 시절 지지고 볶던 아련한 낡은 기억 속의 친구에서, 어느덧 그분을 만나는 이 땅에서 누릴 수 있는 최고의 축복을 누리고 있는 친구를 발견하면서 때로는 경탄으로, 때로는 잔잔한 감동으로 한 편 한 편 읽어나가는 기쁨을 맛봅니다.

오랫동안 말 붙이고 싶었지만 그러지 못하고 바라만 봤던 사람과 기쁨으로 공감하며 대화하는 듯싶은 『뒤영벌』, 제게는 한동안 잃어버렸던 반가운 친구를 만나는 소중한 장입니다!

노승교
생의 의미를 깨달아 가고 있는 크리스천

　사람이 태어나서 죽을 때까지의 기간을 인생이라고 부른다. 나도 사람으로서 날마다 사람들을 만나 기쁨과 슬픔을 나누며 인생을 살아가고 있다.
　그런데 그 인생이 비밀이라는 것을 아는가? 아무 것도 없다면 비밀이 아닐 것이다. 하지만 무언가가 있는데 내가 잘 알지 못한다면 그것은 내게 비밀이 된다.
　인생이 그런 것 같다는 생각이 든다. 내가 사람으로서 내 인생을 살아가면서도 정작 인생의 의미가 무엇인지를 잘 모르니 적어도 내게는 인생이 비밀인 것이다.

　인생이 내게 비밀이 아니려면 적어도 내가 어디서 와서 무엇을 위해 살며 어디로 가는지 정도는 알아야 할 것이 아닌가? 미물인 연어도 그 넓은 바다로 가서 수년을 살다가 때가 되면 정확하게 자기가 부화한 강으로 돌아가야 한다는 것을 안다. 우리는 이것을 회귀 본능이라고 부른다.
　이 분의 글을 읽고 있노라면 연어의 회귀본능을 일깨우듯 내게 인생의 의미를 새롭게 일깨워준다. 생활 속에서 일어나는 소소한 일과 사건을 자세히 살피고 관찰하여 정제된 낱말로 표현해낸 글들이 내게 공감을 불러일으켜 나도 해보고 싶고 가보고 싶고 체험해보고 싶게 만든다. 마치 내 생활과 인생의 어떤 부분에서 길잡이와 방향 지시등이 되는 느낌을 받는다.

나도 크리스천으로 인생을 살고 있는데, 성경을 이해하는 것이 그리 녹녹치 않다는 느낌을 받을 때가 많다. 그런데 이 글 속에 간간히 녹아들어 있는 말씀을 글의 내용과 함께 읽다 보면 '아하, 이게 이런 의미구나!' 하는 깨달음을 얻게 한다.

"주님의 말씀은 제 발의 등불이요 제 길의 빛입니다."(시 119:105)라고 했다. 등불이 밝아지니 내 인생 길을 어떻게 가야 할지에 대한 고민도 안개 걷히듯 점차 조금씩 사라지는 느낌이다. 이 글들을 편안한 마음으로 읽어보고 자기 내면의 음성을 들어본다면 아마도 인생의 의미와 길을 발견할 수 있으리라 믿는다.

특별히 이 시대의 젊은이들이 이 글을 읽고 의미 있고 활기찬 인생을 설계하여 살아갈 수 있기를 소망해 본다.